Klassische Texte der Philosophie

Klassische Texte der Philosophie

Ein Lesebuch

Herausgegeben von
Jonas Pfister

Reclam

Diese Textsammlung ergänzt den Band von Jonas Pfister *Philosophie. Ein Lehrbuch* (UB 18767).

MIX
Papier | Fördert gute Waldnutzung
FSC® C019821

RECLAMS UNIVERSAL-BIBLIOTHEK Nr. 18838
2011 Philipp Reclam jun. Verlag GmbH,
Siemensstraße 32, 71254 Ditzingen
info@reclam.de
Druck und Bindung: Druckerei C.H.Beck,
Bergerstraße 3–5, 86720 Nördlingen
Printed in Germany 2025
RECLAM, UNIVERSAL-BIBLIOTHEK und
RECLAMS UNIVERSAL-BIBLIOTHEK sind eingetragene Marken
der Philipp Reclam jun. GmbH & Co. KG, Stuttgart
ISBN 978-3-15-018838-5
reclam.de

Inhalt

Vorwort

Diese Sammlung von kurzen Auszügen aus klassischen Werken der Philosophie ist als Ergänzung zu *Philosophie. Ein Lehrbuch* (UB 18767) gedacht, lässt sich aber sehr gut auch als eigenständiges Buch verwenden, sei es im Unterricht, sei es im Eigenstudium. Die Auswahl der Texte richtet sich nach dem thematischen und chronologischen Aufbau des Lehrbuchs, d.h. sie reicht von der Antike (Philosophie, Glück und Freiheit) über Mittelalter (Gott) und Neuzeit (Außenwelt, Erkenntnis, Geist, Gerechtigkeit und Ethik) bis zum 20. Jahrhundert (Bedeutung, Wissenschaft, Kunst, Mensch und Angewandte Ethik). Einleitend zu jedem Kapitel werden die Texte vorgestellt und die darin vertretenen Positionen kurz eingeführt.

Auf einen ausführlichen Kommentar wird verzichtet. Vielmehr soll der Leser durch die Konfrontation mit Primärtexten selbst zum Philosophieren angeregt werden. Das Verstehen eines philosophischen Textes besteht im Wesentlichen aus dem Herausarbeiten der Hauptthesen und der Argumente für diese Thesen. Dies verlangt nicht nur eine genaue Lektüre, sondern oftmals auch eine Interpretation des Textes. Damit ist bereits angedeutet, dass die Textinhalte nicht unantastbar sind, sondern auf Weiterentwicklung geradezu warten: Ist dieses Argument stichhaltig? Kann man es (im Sinne des Autors) verteidigen? Kann man es erweitern? Oder muss man es zurückweisen? Ich wünsche viel Freude und Befriedigung beim Lesen, Entdecken und Weiterführen philosophischer Gedanken.

Antike

I. Philosophie

Was ist Philosophie? Diese Frage ist selbst eine philosophische Frage. Vielleicht den größten Einfluss auf das Selbstverständnis des Fachs hatte der antike griechische Philosoph Platon (427–347 v. Chr.). Im Dialog *Menon*, der im Jahre 402 v. Chr. spielt und von Platon etwa zwanzig Jahre später verfasst wurde, stellt Menon, ein junger Mann aus wohlhabender Aristokratenfamilie, die Frage, ob Gutsein (*areté*) lehrbar sei (Text 1). Der griechische Ausdruck *areté* bezeichnet zum einen die Tauglichkeit von Dingen, z. B. die Qualität eines Messers, zum anderen die Tüchtigkeit von Menschen, seine Leistung, sein Erfolg, aber auch charakterliche Einstellungen und Tugenden. Gesprächspartner von Menon ist Sokrates, der Lehrer Platons, dem jener mit dem Schreiben der Dialoge ein Denkmal setzen wollte. Sokrates' Reaktion ist bezeichnend für die Vorgehensweise der Philosophie: Anstatt die Frage zu beantworten, ob Gutsein lehrbar sei, stellt er die Frage, was Gutsein überhaupt ist, d. h. die Frage, was das Wesen des Gutseins ist oder, moderner gesprochen, wie man den Begriff des Gutseins definieren kann. Sokrates gibt offenkundig zu, dass er die Antwort auf diese Frage nicht kennt. Dies muss Menon befremden, der in Sokrates einen Sophisten vermutet, d. h. einen Wanderlehrer, der mit seinem Wissen prahlt und es für Geld verkauft. Sokrates ist jedoch in beiderlei Hinsicht kein Sophist. Weder behauptet er, Wissen zu haben, noch verlangt er Geld. Er will nicht Wissen vermitteln, sondern dem Gesprächspartner zeigen, dass er nicht weiß, was er zu wissen vorgab, und ihm bei der Entwicklung eigener Gedanken helfen. Auf die herausfordernde Frage, wie man denn die Suche auf etwas richten könne, was man noch nicht kenne, antwortet Sokrates mit der Lehre der Wiedererinnerung (*anamnesis*) (Text 2). Nehmen wir mit Pythagoras an, dass die Seele nach dem Tod in den Hades, die Unterwelt, hinabsteigt und dann wiedergeboren wird, so können wir sagen, dass die Seele beim Lernen sich lediglich wieder erinnert an das, was sie bereits vor ihrer Geburt geschaut hat. Die Lehre der Wiedererinnerung setzt jedoch den Glauben an die Wiedergeburt der Seele nicht voraus. Man kann sie auch so interpretieren, dass wir – und dies ist ein weiteres Charakteristikum der Philosophie – allein durch Nachdenken zu Wissen gelangen können, d. h. ohne uns in der Rechtfertigung des Wissens der sinnlichen Wahrnehmung, der Empirie, zu bedienen (dies versucht Platon im *Menon* am Beispiel eines ungebildeten Sklaven zu veranschaulichen, der mit Hilfe von Sokrates' Fragen eine geometrische Aufgabe löst). Doch was ist denn überhaupt Wissen? Was unterscheidet Wissen von wahrer Meinung? (Text 3) Platons eigene Antwort auf diese Frage beinhaltet die These, dass die Seele nur dann Wissen hat, wenn sie dieses rein, d. h. ohne Verfälschung durch die Sinne erschaut. Die Gegenstände der Erkenntnis sind abstrakte Formen, sogenannte Ideen. Im Höhlengleichnis veranschaulicht er den Weg der Philosophen zum Wissen (Text 4). Die Auffassung, dass es objektives Wissen gibt, steht im Gegensatz zur Auffassung der Sophisten. Der Sophist Protagoras beispielsweise meint, der Mensch sei das Maß aller Dinge und vertritt eine ähnlich herausfordernde These des unbedingten Rechts des Stärkeren (s. Kap. II, Text 1).

1. *Platon: Was ist Gutsein?*

Menon. Sokrates, kannst du mir sagen, ob man Gutsein lehren kann? Oder kann man es nicht lehren, sondern einüben? Oder kann man weder durch Übung noch durch Lernen gut werden, sondern ist man es von Natur aus oder auf sonst irgendeine Weise?

Sokrates. Bislang, Menon, waren die Thessalier geschätzt und bewundert bei den Griechen wegen ihrer Reiterei und ihres Reichtums, aber jetzt sind sie es anscheinend auch wegen ihrer Klugheit, besonders die Leute aus Larisa, die Mitbürger deines Freundes Aristipp. Ihr verdankt das dem Gorgias, denn als er in die Stadt kam, waren die ersten der Aleuaden und der anderen Thessalier, unter ihnen auch dein Bewunderer Aristipp, wegen seiner Klugheit hinter ihm her. Er gewöhnte euch auch daran, daß man auf Fragen ohne Scheu und großzügig antwortet, wie es zu denen paßt, die Bescheid wissen, denn er selbst bot sich auch jedem Griechen an, jede beliebige Frage zu beantworten, und blieb keinem eine Antwort schuldig. Aber hier in Athen, mein Freund, ist es umgekehrt, hier herrscht eine Art Klugheitsdürre; möglicherweise zog die Klugheit von hier zu euch. Wenn du nun einem Hiesigen deine Frage stellen willst, wird jeder lachen und sagen: »Ach Fremder, meinst du vielleicht, ich sei in der glücklichen Lage, daß ich wüßte, ob Gutsein gelehrt werden kann oder auf welche Weise sonst man gut wird? Ich bin so weit entfernt davon zu wissen, ob man es lehren kann oder nicht, daß ich nicht einmal weiß, was Gutsein überhaupt ist.«

Mir selbst nun geht es ganz genauso: ich leide mit meinen Mitbürgern in dieser Sache auch unter diesem Mangel und mache mir Vorwürfe, überhaupt nichts über das Gutsein zu wissen. Was ich nicht kenne und wovon ich nicht weiß, was es ist, wie könnte ich davon wissen, wie es beschaffen ist? Oder glaubst du, jemand kann wissen, ob Menon schön oder reich oder möglicherweise auch adlig oder von allem das Gegenteil ist, wenn er ihn gar nicht kennt und überhaupt nicht weiß, wer er ist? Meinst du, das sei möglich?

Menon. Nein, natürlich nicht, aber weißt du wirklich nicht, was Gutsein ist, und soll ich das von dir auch bei mir zu Hause erzählen?

Sokrates. Erzähle nicht nur das, sondern auch, daß ich, wie mir scheint, keinen anderen getroffen habe, der es wußte.

Menon. Hast du denn Gorgias nicht getroffen, als er hier war?

Sokrates. Doch!

Menon. Dann hattest du nicht den Eindruck, daß er es wußte?

Sokrates. Ich habe kein so gutes Gedächtnis, deshalb kann ich jetzt gar nicht mehr sagen, welchen Eindruck ich damals hatte. Aber vielleicht weiß er, [was Gutsein ist], und du weißt, was er gesagt hat. Dann hilf meiner Erinnerung [und verrate mir], was er gesagt hat, oder sag es selbst, wenn du willst. Du meinst doch bestimmt dasselbe wie er.

Menon. Aber ja!

Sokrates. Dann lassen wir doch Gorgias beiseite, zumal er gar nicht da ist. Bei den Göttern, was sagst du selbst, was ist Gutsein? Halte nicht hinterm Berg damit, so daß ich mich in glücklichster Weise geirrt hätte, wenn nun herauskommt, daß ihr, du und Gorgias, es wißt, obwohl ich doch gesagt habe, ich hätte noch nie jemanden getroffen, der es wußte.

Menon. Das ist doch nicht schwer. Zuerst erkläre ich, wenn du willst, das Gutsein des Mannes. Es ist einfach so, daß das Gutsein des Mannes in der Fähigkeit besteht, politisch tätig zu sein und damit Freunden Gutes, Feinden Schlechtes zu tun und aufzupassen, daß einem selbst nichts Schlechtes passiert. Das Gutsein der Frau ist auch leicht genannt: sie muß den Haushalt gut versorgen, alles im Haus im Stande halten und dem Manne gehorchen. Wieder ein anderes Gutsein ist das des Kindes, des Jungen und auch des Mädchens, und das des älteren Mannes, je nachdem, ob er nun Sklave oder freier Bürger ist. Und so gibt es unzählige andere Arten von Gutsein, so daß man wirklich nicht in Verlegenheit ist, über Gutsein zu reden und zu sagen, was es ist: denn für jedes Tun und für jedes Alter gibt es je nach der Aufgabe für jeden von uns das entsprechende Gutsein und genauso, glaube ich, auch das entsprechende Schlechtsein.

Sokrates. Ich scheine ja enormes Glück zu haben, denn obwohl ich nur ein Gutsein suchte, finde ich nun einen ganzen Schwarm von Gutsein, der sich bei dir niedergelassen hat. Aber – um beim Bild des Schwarms zu bleiben – wenn du auf meine Frage, was das Wesen der Biene ist, geantwortet hättest, daß es viele und verschiedene Arten gebe, was würdest du antworten, wenn ich weiter fragte: »Sind sie nun, wie du sagst, viele und verschiedenartig, und unterscheiden sie sich darin, daß sie Bienen sind, oder unterscheiden sie sich darin gar nicht, aber in anderem, wie z. B. in Aussehen oder Größe oder dergleichen?« Sag, was würdest du auf eine solche Frage antworten?

Menon. Ich würde darauf antworten, daß sich die eine von der anderen natürlich nicht darin unterscheidet, daß sie Biene ist.

Sokrates. Wenn ich nun darauf sagte: »Dann gib mir genau das an, worin sie sich nicht unterscheiden, sondern worin sie alle gleich sind«, was würdest du dann nennen? Sicher könntest du mir etwas sagen?

Menon. Ja, natürlich!

Sokrates. Dann mach es doch auch genauso mit den Arten von Gutsein: wenn es auch viele und verschiedene Arten gibt, haben sie doch alle ein und denselben Grundcharakter, durch den sie Gutsein sind. Darauf soll der Antwortende schauen, wenn er dem Fragenden erklärt, was denn Gutsein ist.

[Platon: Menon, 70–72c]

2. Platon: Erkenntnis als Erinnerung

Sokrates. Dann antworte wieder von vorne: was sagst du oder dein Freund Gorgias, was Gutsein ist?

Menon. Ach, Sokrates, schon bevor ich dich traf, habe ich gehört, daß du selbst nie weiterweißt und so bewirkst, daß auch die anderen nicht weiterwissen. Genauso kommst du mir jetzt vor: du behext mich, gibst mir Zaubermittel und sagst deine Sprüche, daß ich überhaupt nicht mehr weiterweiß. Wenn ich mir mal einen Scherz erlauben darf: ich finde, du bist in jeder Hinsicht, äußerlich und auch sonst, wie ein Zitterrochen, dieser platte Meeresfisch. Jedesmal, wenn sich ihm einer nähert und ihn berührt, betäubt er ihn, und ich finde, du hast so etwas mit mir gemacht. Ich bin nämlich wirklich an Mund und Seele betäubt und weiß nicht, was ich dir antworten soll. Obwohl ich schon unzählige Male vor etlichen Leuten verschiedene Reden über das Gutsein gehalten habe, und wie ich fand, ganz gut, kann ich jetzt nicht sagen, was es überhaupt ist. Im übrigen finde ich, du bist ganz gut beraten, nicht die Stadt zu verlassen oder fortzusegeln; denn wenn du so etwas als Fremder in einer anderen Stadt machtest, würdest du wohl als Hexer verhaftet.

Sokrates. Du bist ganz schön schlau, und fast hättest du mich reingelegt.

Menon. Wieso?

Sokrates. Ich durchschaue, weshalb du diesen Vergleich mit mir angestellt hast.

Menon. Weshalb meinst du denn?

Sokrates. Damit ich auch einen Vergleich mit dir anstelle. Ich weiß doch, daß alle schönen Leute gerne verglichen werden, sie haben ja einen Vorteil davon. Denn die Vergleichsbilder für Schöne sind meiner Meinung nach auch schön. Aber ich werde keinen Vergleich mit dir anstellen. Ich meinerseits gleiche einem Zitterrochen nur, wenn er selbst so betäubt ist, wie er die anderen betäubt; wenn das nicht so ist, dann gleiche ich ihm auch nicht. Denn ich bringe ja nicht die anderen in die Lage, nicht mehr weiterzuwissen, während ich selbst zurechtkomme, sondern ich weiß selbst nicht weiter und bewirke damit, daß die anderen auch nicht weiterwissen.

Auch jetzt weiß ich einfach nicht, was Gutsein ist. Du hast es allerdings vielleicht gewußt, bevor du an mich geraten bist; aber jetzt siehst du ganz so aus wie einer, der es nicht weiß. Trotzdem will ich mit dir zusammen überlegen und unsere Suche darauf richten, was Gutsein eigentlich ist.

Menon. Und auf welche Weise wirst du die Suche auf etwas richten, von dem du nicht einmal weißt, was es ist? Wie soll denn das, was du nicht kennst und was du dir zum Suchen aufgibst, beschaffen sein? Oder wie wüßtest du, wenn du zufällig darauf kämest, daß es das ist, was du nicht wußtest?

Sokrates. Ich verstehe, was du sagen willst. Das läuft ja, wie du siehst, auf ein Übertölpelungsargument hinaus: Der Mensch kann seine Suche weder auf etwas richten, was er weiß, noch auf etwas, was er nicht weiß; denn er dürfte wohl kaum seine Suche auf etwas richten, was er weiß – er weiß es ja, und wer etwas weiß, braucht seine Suche nicht darauf zu richten – und wohl auch nicht, was er nicht weiß, denn er weiß ja nicht, worauf er seine Suche richten soll.

Menon. Findest du das Argument denn nicht gut?

Sokrates. Nein, das finde ich nicht.

Menon. Kannst du mir sagen, warum?

Sokrates. Ja, das kann ich schon. Ich hörte nämlich einmal von Männern und Frauen, die sich in göttlichen Dingen auskennen …

Menon. Was brachten sie denn vor?

Sokrates. Ich fand, eine wahre und schöne Rede.

Menon. Ja, was denn, und wer sind sie?

Sokrates. Es sind Priester und Priesterinnen, denen daran liegt, die Dinge begründen zu können, mit denen sie zu tun haben, und darüber Rechenschaft ablegen zu können. Auch Pindar sagt es und andere Dichter, insofern sie göttlich inspiriert sind. Was sie anführen, ist folgendes – überlege aber gut, ob du findest, daß es zutrifft: Sie sagen nämlich, die Seele des Menschen sei unsterblich; zwar gehe es in einer Zeit mit ihr zu Ende – was man ›sterben‹ nennt –, zu einer anderen Zeit aber entstehe sie wieder neu; gänzlich zugrunde gehe sie jedoch nie. Aus diesem Grunde müsse man ein möglichst frommes Leben führen.

> Denn im neunten Jahr schickte Persephone die Seele derer, von denen sie Buße früherer Leiden erhielt, wieder hinauf zum Licht der Sonne; dort entstehen berühmte Könige, Menschen von herkulischer Macht und überragender Weisheit, und für alle Zeiten werden sie Heroen genannt.

Da also die Seele unsterblich und oft wiedererstanden ist, und da sie alles hier und im Hades geschaut hat, gibt es nichts, was sie nicht weiß. Deshalb ist es nicht erstaunlich, wenn es um Gutsein und andere Dinge geht, daß sie sich an das zu erinnern vermag, was sie ja vorher gewußt hat. Denn da die ganze Natur verwandt ist und die Seele alles kennengelernt hat, hindert nichts den, der nur an eine Sache erinnert wird – was man [gewöhnlich] Belehrung nennt –, alles andere selbst wiederzufinden, wenn er nur mutig ist und nicht müde wird zu suchen. Das Suchen und das Lernen sind also gänzlich Wiedererinnerung. Man darf also wirklich nicht auf dieses Übertölpelungsargument hören: es könnte uns nämlich träge machen, und nur Schwächlinge hören es gerne. Aber unser [Argument von der Wiedererinnerung] bewirkt, daß wir rege sind und auf der Suche bleiben. Weil ich darauf vertraue, daß es wahr ist, will ich mit dir die Suche darauf richten, was Gutsein ist.

[Platon: Menon, 79e–81e]

3. Platon: Wissen und Meinen

Sokrates. Jemand, der den Weg nach Larisa oder sonstwohin kennt, würde doch, wenn er ihn gänge und andere führte, richtig und gut führen?

Menon. Ja, sicher.

Sokrates. Was passiert aber, wenn jemand richtig meint, welcher der Weg nach Larisa ist, ihn aber nicht gegangen ist und ihn auch nicht kennt, könnte nicht auch der richtig führen?

Menon. Ja, bestimmt.

Sokrates. Auch, wenn er nur eine richtige Meinung davon hat, wovon der andere Wissen hat, wird er doch kein schlechterer Führer sein als der Wissende, wenn er das Richtige meint, aber nicht weiß.

Menon. Nein, überhaupt nicht.

Sokrates. Wahre Meinung ist folglich fürs richtige Handeln kein schlechterer Führer als die Überlegung. Und gerade das ließen wir bei der Betrachtung, welcher Art das Gutsein sei, beiseite, als wir sagten, daß nur die Überlegung das richtige Handeln leitet; aber tatsächlich gab es noch wahre Meinung.

[Platon: Menon, 96d–97d]

4. Platon: Das Höhlengleichnis

»Und nun«, fuhr ich fort, »mache dir den Unterschied zwischen Bildung und Unbildung in unserer Natur an dem folgenden Erleben gleichnishaft klar. Stelle dir die Menschen vor in einem unterirdischen, höhlenartigen Raum, der gegen das Licht zu einen weiten Ausgang hat über die ganze Höhlenbreite; in dieser Höhle leben sie von Kindheit, gefesselt an Schenkeln und Nacken, so daß sie dort bleiben müssen und nur gegen vorwärts schauen, den Kopf aber wegen der Fesseln nicht herumdrehen können; aus weiter Ferne leuchtet von oben her hinter ihrem Rücken das Licht eines Feuers, zwischen diesem Licht und den Gefesselten führt ein Weg in der Höhe; ihm entlang stelle dir eine niedrige Wand vor, ähnlich wie bei den Gauklern ein Verschlag vor den Zuschauern errichtet ist, über dem sie ihre Künste zeigen.«

»Ich kann mir das vorstellen«, sagte Glaukon.

»An dieser Wand, so stell dir noch vor, tragen Menschen mannigfache Geräte vorbei, die über die Mauer hinausragen, dazu auch Statuen aus Holz und Stein von Menschen und anderen Lebewesen, kurz, alles mögliche, alles künstlich hergestellt, wobei die Vorbeitragenden teils sprechen, teils schweigen.«

»Merkwürdig sind Gleichnis und Gefesselte, von denen du sprichst.«

»Sie gleichen uns! Denn sie sehen zunächst von sich und den anderen nichts außer den Schatten, die von dem Feuer auf die gegenüberliegende Mauer geworfen werden, verstehst du?«

»Natürlich, wenn sie gezwungen sind, ihre Köpfe unbeweglich zu halten ihr Leben lang.«

»Dasselbe gilt auch von den vorübergetragenen Geräten, nicht?«

»Gewiß!«

»Wenn sie sich untereinander unterhalten könnten, da würden sie wohl glauben, die wahren Dinge zu benennen, wenn sie von den Schatten sprechen, die sie sehen.«

»Notwendigerweise!«

»Wenn nun weiter das Gefängnis ein Echo hätte von der Wand gegenüber, und wenn einer der Vorübergehenden etwas spräche, dann käme – so würden sie glauben – der Ton von nichts anderem als von dem vorübergehenden Schatten, nicht?«

»Ganz so, bei Zeus!«

»Alles in allem: Diese Leute würden nichts anderes für wahr halten als die Schatten der Geräte.«

»Notwendigerweise!«

»Überlege nun Lösung und Heilung aus Ketten und Unverstand, wie immer das vor sich gehen mag – ob da wohl folgendes eintritt. Wenn etwa einer gelöst und gezwungen würde, sofort aufzustehen und den Kopf umzuwenden, auszuschreiten und zum Licht zu blicken, wenn er bei alledem Schmerz empfände und wegen des Strahlenfunkelns jene Gegenstände nicht anschauen könnte, deren Schatten er vorher gesehen – was, glaubst du, würde er da wohl antworten, wenn man ihm sagte, er habe vorher nur eitlen Tand gesehen, jetzt aber sehe er schon richtiger, da er näher dem Seienden sei und sich zu wirklichen Dingen hingewendet habe; wenn man ihn auf jeden der Vorbeigehenden hinwiese und zur Antwort auf die Frage zwänge, was das denn sei? Würde er da nicht in Verlegenheit sein und glauben, was er vorher erblickt, sei wirklicher als das, was man ihm jetzt zeige?«

»Gewiß!«

»Und wenn man ihn zwänge, ins Licht selbst zu blicken,

dann würden ihn seine Augen schmerzen, und fluchtartig würde er sich dem zuwenden, was er anzublicken vermag; dies würde er dann für klarer halten als das zuletzt Gezeigte, nicht?«

»So ist es!«

»Wenn man ihn«, fragte ich weiter, »von dort wegzöge, mit Gewalt, den schwierigen und steilen Anstieg hinan und nicht früher losließe, bis man ihn ans Licht der Sonne gebracht hätte, würde er da nicht voll Schmerz und Unwillen sein über die Verschleppung? Und wenn er ans Sonnenlicht käme, da könnte er wohl – die Augen voll des Glanzes – nicht ein einziges der Dinge erkennen, die man ihm nunmehr als wahr hinstellte.«

»Nicht sofort wenigstens!«

»Er brauchte Gewöhnung, denke ich, wenn er die Oberwelt betrachten sollte; zuerst würde er am leichtesten die Schatten erkennen, dann die Spiegelbilder der Menschen und der anderen Dinge im Wasser, später sie selbst; hierauf könnte er die Dinge am Himmel und diesen selbst leichter bei Nacht betrachten, aufblickend zum Licht der Sterne und des Mondes – als bei Tag die Sonne und ihr Licht.«

»Natürlich!«

»Zuletzt aber könnte er die Sonne, nicht ihr Abbild im Wasser oder auf einem fremden Körper, sondern sie selbst für sich an ihrem Platz anblicken und ihr Wesen erkennen.«

»Notwendigerweise!«

»Und dann würde er durch Schlußfolgerung erkennen, daß sie es ist, die die Jahreszeiten und Jahre schafft und alles in der sichtbaren Welt verwaltet und irgendwie Urheberin ist an allem, was sie gesehen haben.«

»Klar, so weit würde er allmählich kommen!«

»Nun weiter! Wenn man ihn dann an seine erste Wohnung, an sein damaliges Wissen und die Mitgefangenen dort erinnerte, würde er sich dann nicht glücklich preisen wegen seines Ortswechsels und die andern bedauern?«

»Gar sehr!«

»Wenn sie damals Ehrenstellen und Preise untereinander ausgesetzt haben und Auszeichnungen für den Menschen, der die vorbeiziehenden Gegenstände am schärfsten erkannt und sich am besten gemerkt hat, welche vorher und welche nachher und welche zugleich vorbeizogen, und daher am besten auf das Kommende schließen könne, wird da nun dieser Mann besondere Sehnsucht nach ihnen haben und jene beneiden, die bei ihnen in Ehre und Macht sind? Oder wird es ihm gehen, wie Homer sagt, er begehre heftig

Arbeit, um Lohn zu verrichten
Bei einem ärmlichen Mann auf dem Lande …

und alles eher zu erdulden, als wieder nur jene bloßen Meinungen zu besitzen und auf jene Art zu leben?«

»Lieber wird er alles über sich ergehen lassen als dort zu leben!«

»Und dann überlege noch dies: Wenn ein solcher wieder hinabstiege und sich auf seinen Sitz setzte, hätte er da nicht die Augen voll Dunkelheit, da er soeben aus der Sonne gekommen ist?«

»Und wie!«

»Und wenn er dort wieder im Unterscheiden der Schatten mit jenen immer Gefesselten wetteifern müßte, zur Zeit, da seine Augen noch geblendet sind und sich noch nicht umgestellt haben – und diese Zeit der Gewöhnung wird nicht kurz sein! –, würde er da nicht ausgelacht werden und bespöttelt, er sei von seinem Aufstieg mit verdorbenen Augen zurückgekehrt; daher sei es nicht wert, den Aufstieg auch nur zu versuchen. Und wenn er sie dann lösen und hinaufführen wollte, würden sie ihn töten, wenn sie ihn in die Hände bekommen und töten könnten!«

»Sicherlich!«

»Dieses Bild«, fuhr ich fort, »mußt du nun, mein lieber Glaukon, als Ganzes mit unseren früheren Darlegungen verbinden. Die Welt des Gesichtssinnes vergleiche mit der

Wohnung im Gefängnis, das Feuer in ihr mit der Macht der Sonne. Wenn du dann den Weg hinauf und die Schau der Oberwelt als den Aufstieg der Seele zur Welt des Denkbaren annimmst, dann verfehlst du nicht meine Ansicht, da du sie ja zu hören wünschst. Nur Gott weiß, ob sie auch richtig ist. Das ist nun meine Meinung: In der Welt des Erkennbaren ist die Idee des Guten die höchste und nur mit Mühe erkennbar; wenn man sie aber erkannt hat, dann ergibt sich, daß sie für alles Rechte und Schöne die Ursache ist; sie schafft in der sichtbaren Welt das Licht und seinen Herrn, in der Welt des Denkbaren ist sie selbst die Herrin und hilft uns zu Wahrheit und Einsicht; sie muß jeder schauen, der im eigenen wie im öffentlichen Leben vernünftig handeln will.«

»Ich stimme zu, soweit ich es beurteilen kann.«

»Wohlan, stimme auch noch im folgenden zu und wundere dich nicht, wenn die Menschen, die einmal diese Höhe erstiegen, sich nicht mehr um die Angelegenheiten der Menschen kümmern wollen; vielmehr drängen ihre Seelen nach oben, um dort immer zu verweilen; denn das ist natürlich, wenn es dem erzählten Gleichnis entsprechen soll.«

»Natürlich!«

»Hältst du es dann weiter für verwunderlich, wenn einer, der von dieser göttlichen Schau herabsteigt in die Jammerwelt der Menschen, sich dann ungeschickt benimmt und recht lächerlich erscheint; noch halb blind und noch nicht an die Dunkelheit ringsum gewöhnt, wird er schon gezwungen, vor Gericht oder anderswo zu streiten über die Schatten des Rechts oder über Bildwerke, deren Schatten sie sind, und sich herumzuschlagen mit den Rechtsauffassungen der Leute, die niemals die wahre Gerechtigkeit gesehen haben.«

»Darüber braucht man sich nicht zu wundern!«

[Platon: Der Staat (Politeia), 514–517e]

II. Glück

Vieldiskutiert in der antiken Philosophie ist die Frage nach dem gelungenen, dem glücklichen Leben, der *eudaimonia* (wörtl. »einen guten Dämon besitzen«). Während die traditionelle Auffassung darin besteht, dass ein glückliches Leben eines sei, das von Reichtum, Ruhm und Gesundheit geprägt ist, sind die meisten antiken Philosophen der Ansicht, dass ein glückliches Leben nicht von derartigen Äußerlichkeiten, sondern einzig von der *areté*, d. h. der Tüchtigkeit oder des Gutseins, abhängt (s. Einl. zu Kap. I). Doch worin besteht dieses Gutsein? Im Dialog *Gorgias* lässt Platon den Sophisten Polos die These vortragen, dass das Gutsein darin bestehe, der Stärkere zu sein und zu herrschen (Text 1). Dagegen stellt Platon seine eigene Ansicht, dass glücklich nur derjenige sein könne, der sich selbst beherrscht und gerecht ist, und mehr noch, dass derjenige, der sich selbst beherrscht und gerecht ist, bereits dadurch glücklich ist (Text 2). Platons bekanntester Schüler, Aristoteles (384–322 v. Chr.), verfolgt in der *Nikomachischen Ethik* einen pragmatischeren Weg. Er geht von den Meinungen der Leute aus und gelangt über begriffliche Unterscheidungen zur These, dass das Glück in einem Tätigsein der Seele bestehe, genauer: in dem ihr eigenen Gutsein, die Aristoteles als geistige Schau charakterisiert. Im Unterschied zu Platon glaubt Aristoteles nicht daran, dass es die Idee eines einzigen Guten gibt (Text 3). Epikur (um 342–271 v. Chr.) argumentiert im *Brief an Menoikeus* dafür, dass es keinen Grund gibt, den Tod zu fürchten, sowie dafür, dass das Glück in der Lust besteht, womit aber nicht jedes körperliche Lustgefühl gemeint ist, sondern der Zustand der Seelenruhe, der sich nur dank Gutsein erreichen lässt (Text 4). Der Schule der Epikureer, zu der die Philosophinnen Themista und Leontion gehörten, stand die Schule der Stoiker gegenüber. Bekannte Stoiker sind Zenon von Kition und Chrysipp, später die römischen Philosophen Seneca und Epiktet (50–138 n. Chr.). Letzterer gibt im *Handbüchlein der Moral* (*Encheiridion*) den Menschen den lebenspraktischen Ratschlag, das, über das man nicht gebietet, zu ertragen (Text 5).

1. Platon: Das Recht des Stärkeren

Kallikles. Die Natur selbst aber, denke ich, würde wohl zeigen, daß es gerecht ist, daß der Stärkere mehr habe als der Schwächere, und der Tüchtigere mehr als der Untüchtige. Auch offenbart sie dieses vielfältig, daß es so ist, sowohl an den übrigen Geschöpfen als auch an ganzen Staaten und Geschlechtern der Menschen, daß als Recht erkannt ist, daß der Stärkere über den Schwächeren herrsche und mehr habe. Denn nach welchem Recht führte Xerxes sein Heer gegen Hellas oder sein Vater gegen die Skythen? und tausend anderes der Art könnte man anführen. So also handeln sie nach der Natur und, bei Zeus, nach dem Gesetz, dem Gesetz der Natur nämlich – allerdings nicht nach dem, das wir selbst zu dem Zweck setzen.

[Platon: Gorgias oder Über die Beredsamkeit, 483d–e]

2. Platon: Selbstbeherrschung

Sokrates. Aber, mein Guter, sage es doch einmal endgültig heraus, wer denn die Besseren sein sollen und in welcher Hinsicht?

Kallikles. Nun, ich habe es ja schon gesagt, die, welche in der Politik einsichtsvoll und tapfer sind. Denn diesen kommt es zu, in den Staaten zu herrschen, und das ist eben das Recht, daß diese mehr haben als die anderen, namentlich die Herrschenden mehr als die Beherrschten.

Sokrates. Wie aber ist es mit ihnen selbst, mein Freund? Herrschen sie, oder werden sie beherrscht?

Kallikles. Wie meinst du das?

Sokrates. Ich meine, daß doch jeder einzelne über sich selbst herrscht. Oder ist das gar nicht nötig, sich selbst zu beherrschen, sondern nur die anderen?

Kallikles. Wie meinst du sich selbst beherrschen?

Sokrates. Nichts Besonderes, sondern wie es die Leute meinen, besonnen und seiner selbst mächtig sein, und die Lüste und Begierden, die jeder in sich hat, beherrschen.

Kallikles. Wie süß du bist! Die Einfältigen nennst du die Besonnenen!

Sokrates. Wieso? Das kann ja jedermann einsehen, daß ich es so nicht meine.

Kallikles. Ganz gewiß doch, Sokrates. Denn wie könnte wohl ein Mensch glücklich werden, der irgendeinem diente? Nein, das ist eben das von Natur Schöne und Rechte, was ich dir nun ganz frei heraus sage, daß, wer richtig leben will, seine Begierden muß so groß werden lassen als möglich und sie nicht einzwängen, und diesen, wie groß sie auch sind, muß er dennoch Genüge zu leisten vermögen durch Tapferkeit und Einsicht, und sie hinreichend versehen mit dem, worauf eine jede Begierde geht. Allein dazu, meine ich, sind eben die meisten nicht imstande, weshalb sie gerade solche Menschen aus Scham tadeln, um ihre eigene Ohnmacht zu verbergen, und sagen, die Ungebundenheit sei etwas Schändliches, um, wie ich auch vorher schon sagte, die von Natur besseren Menschen einzuzwängen; und weil sie selbst ihren Lüsten keine Befriedigung zu verschaffen vermögen, so loben sie die Besonnenheit und die Gerechtigkeit um ihrer eigenen Feigheit willen. Denn denen, welche entweder schon das Glück hatten, von vornherein Söhne von Königen zu sein, oder welche kraft ihrer eigenen Natur sich ein Reich oder eine Macht und Herrschaft zu gründen vermochten, was wäre wohl für diese Menschen häßlicher und schlimmer als die Besonnenheit und Gerechtigkeit, wodurch sie dann, da sie das Gute genießen könnten, ohne daß ihnen etwas im Wege stünde, sich selbst einen Herrn setzten, nämlich das Gesetz des großen Haufens, Gerede und Tadel. Oder wie, sollten sie nicht nunmehr elend geworden sein durch diese schöne Gerechtigkeit und Besonnenheit, wenn sie nun ihren Freunden nichts mehr zuwenden können als ihren Feinden, und zwar als Herrscher in ihrem eigenen Staate? Nun, Sokrates, so steht's in der Wahrheit, der du ja nachzutrachten behauptest. Wohlleben, Zügellosigkeit und Freiheit, wenn sie nur einen festen Rückhalt haben, sind eben Tugend und Glückseligkeit; alles andere aber ist Ziererei, widernatürliche Lebensordnung, Geschwätz und gänzlich wertlos.

[Platon: Gorgias oder Über die Beredsamkeit, 491c–492d]

3. Aristoteles: Das Tätigsein der Seele

Nachdem also jede Erkenntnis und jeder Entschluß nach einem bestimmten Gut zielt, wollen wir wieder einsetzen mit der Frage: »Was ist das Ziel der Staatskunst und welches das höchste von allen Gütern, die man durch Handeln erreichen kann?«

In seiner Benennung stimmen fast alle überein. »Das

Glück« – so sagen die Leute, und so sagen die feineren Geister, wobei gutes Leben und gutes Handeln in eins gesetzt werden mit Glücklichsein. Aber was das Wesen des Glückes sei, darüber ist man unsicher, und die Antwort der Menge lautet anders als die des Denkers. Die Menge stellt sich etwas Handgreifliches und Augenfälliges darunter vor, z. B. Lust, Wohlstand, Ehre: jeder etwas anderes. Bisweilen wechselt sogar ein und derselbe Mensch seine Meinung: wird er krank, so sieht er das Glück in der Gesundheit, ist er arm, dann im Reichtum. Im Bewußtsein aber der eigenen Unwissenheit bestaunen die Leute jene, die etwas vortragen, was bedeutsam klingt und über ihre Fassungskraft hinausgeht.

Einige aber dachten, es gebe neben den vielen greifbaren Gütern noch ein Gut, von selbständiger Existenz, das zugleich für all die genannten Güter die Ursache dafür sei, daß sie Güter sind. Alle vorgetragenen Ansichten zu prüfen ist wohl nicht sehr sinnvoll. Wir beschränken uns daher auf solche, die besonders weit verbreitet sind oder immerhin wissenschaftlichen Charakter haben.

Wir dürfen dabei nicht den Unterschied übersehen zwischen einer Darstellung, die von Grundgegebenheiten ausgeht und einer anderen, die an sie heranführt. So pflegte z. B. auch Platon sehr richtig die Frage zu stellen und zu forschen, ob der Weg von den Grundgegebenheiten her oder zu ihnen hin verlaufe – wie im Stadion von den Preisrichtern zur Wendemarke oder von dieser zurück. Man muß nämlich anfangen bei dem Bekannten. Dieses aber ist zweifach: bekannt für uns und bekannt schlechthin. *Wir* müssen wohl ausgehen von dem was *uns* bekannt ist. Daher muß bereits über eine edle Grundgewöhnung verfügen, wer mit Nutzen eine Vorlesung über das Edle, das Gerechte, kurzum über die Wissenschaft vom Staate hören will. Ausgangspunkt ist nämlich das Daß, und wenn dieses in genügender Klarheit herauskommt, wird das Warum gar nicht mehr nötig sein. Ein Mensch mit sittlicher Grundhaltung kennt entweder schon Grundgegebenheiten oder er kann sie sich leicht geistig aneignen.

[...] Eine Meinung darüber, was oberster Wert und was Glück sei, gewinnt man wohl nicht ohne Grund aus den bekannten Lebensformen. In der Mehrzahl entscheiden sich die Leute, d.h. die besonders grobschlächtigen Naturen, für den Genuß und finden deshalb ihr Genügen an dem Leben des Genusses. Es gibt nämlich drei Hauptformen: erstens die soeben erwähnte, zweitens das Leben im Dienste des Staates, drittens das Leben als Hingabe an die Philosophie.

[...] Wir haben gesagt: das Glück ist kein Zustand (der Ruhe), denn sonst könnte es auch dem gehören, der ein Leben lang schläft, der das Leben einer Pflanze lebt, oder dem, der sich im größten Unglück befindet. Wenn uns also diese Folgerungen nicht befriedigen, wenn das Glück vielmehr, wie früher gesagt, als ein Tätig-sein zu bestimmen ist, die Formen dieses Tätig-seins aber teils notwendig und als Mittel zum Zweck wählenswert, teils an sich wählenswert sind, so ist das Glück offenbar unter die an sich, nicht etwa als Mittel zum Zweck, wählenswerten Tätigkeiten zu setzen, denn das Glück ist frei von Mangel: es genügt sich selbst. Nun ist aber jenes Tätig-sein wählenswert an sich, dem man außer der Funktion des Tätig-seins nichts weiter abverlangt. Als solches aber gilt das ethisch wertvolle Handeln, denn das Edle und Wertvolle tun, das gehört zu den Werten, die wählenswert an sich sind.

Zu ihnen rechnet man nun allerdings auch die genießerische Verspieltheit, die man ja nicht als Mittel zu einem Zweck erwählt – ist sie uns doch eher ein Schaden als ein Nutzen, da man ihr zuliebe Leib und Besitz verkommen läßt.

[...] Wie wir nun schon wiederholt gesagt haben, *ist* wertvoll und *ist* lustvoll das, was dem hochwertigen Menschen wertvoll und lustvoll ist. Jeder aber gibt der Tätigkeit den unbedingten Vorzug, die dem Grundzug seines

Wesens entspricht: der hochwertige Mensch also dem Handeln, das im Sinne ethischer Trefflichkeit Form gewinnt. Folglich besteht das Glück nicht in Verspieltheit.

[...] Ferner gilt, daß das glückliche Leben ein ethisch hochstehendes Leben ist. Ein solches aber erfordert Anstrengung und ist kein Spiel. Und wir stellen fest, daß ernste Dinge wertvoller sind als lächerliche und spielerische, und daß jeweils das Wirken des wertvolleren Teils oder des wertvolleren Menschen ernsthafter ist. Das Wirken des Wertvolleren aber ist überlegen und schließt schon mehr von Glück in sich.

Sinnliche Lust kann übrigens der nächste beste, auch ein Sklave, nicht minder genießen als der höchstwertige Mensch. Anteil am Glück aber weist niemand dem Sklaven zu, außer er gibt ihm auch die Möglichkeit, ein eigenständiges Leben zu führen. Denn nicht in dem erwähnten Treiben besteht das Glück, sondern in einem Tätig-sein im Sinne der Trefflichkeit, wie wir schon früher ausgesprochen haben.

Wenn das Glück ein Tätig-sein im Sinne der Trefflichkeit ist, so darf darunter mit gutem Grund die höchste Trefflichkeit verstanden werden: das aber kann nur die der obersten Kraft in uns sein. Mag nun der Geist oder etwas anderes diese Kraft sein, die man sich gewiß als wesenhaft herrschend, führend, auf edle und göttliche Gegenstände gerichtet vorstellt – mag diese Kraft selbst auch göttlich oder von dem, was in uns ist, das göttlichste Element sein – das Wirken dieser Kraft gemäß der ihr eigentümlichen Trefflichkeit ist das vollendete Glück. Daß dieses Wirken aber ein geistiges Schauen ist, haben wir bereits festgestellt.

[Aristoteles: Nikomachische Ethik, 1095a–1095b, 1176b–1177a]

4. Epikur: Keine Angst vor dem Tod, die Lust als Ziel

Gewöhne dich ferner daran zu glauben, der Tod sei nichts, was uns betrifft. Denn alles Gute und Schlimme ist nur in der Empfindung gegeben; der Tod aber ist die Vernichtung der Empfindung. Daher macht die richtige Erkenntnis – der Tod sei nichts, was uns betrifft – die Sterblichkeit des Lebens erst genußfähig, weil sie nicht eine unendliche Zeit hinzufügt, sondern die Sehnsucht nach der Unsterblichkeit von uns nimmt. Denn es gibt nichts Schreckliches im Leben für den, der im vollen Sinne erfaßt hat, daß nichts Schreckliches im Nicht-Leben liegt. Darum schwätzt der, der sagt, er fürchte den Tod nicht, weil er ihn bedrücken wird, wenn er da ist, sondern weil er ihn jetzt bedrückt, wenn er noch aussteht. Denn was uns, wenn es da ist, nicht bedrängt, kann uns, wenn es erwartet wird, nur sinnlos bedrücken. Das Schauererregendste aller Übel, der Tod, betrifft uns überhaupt nicht; wenn »wir« sind, ist der Tod nicht da; wenn der Tod da ist, sind »wir« nicht. Er betrifft also weder die Lebenden noch die Gestorbenen, da er ja für die einen nicht da ist, die andern aber nicht mehr für ihn da sind. Doch die Masse flieht bisweilen den Tod als das größte aller Übel, bisweilen [ersehnt sie] ihn als Erholung von allen [Übeln] im Leben. [Der Weise indes weist weder das Leben zurück], noch fürchtet er das Nicht-Leben; denn weder ist ihm das Leben zuwider, noch vermutet er, das Nicht-Leben sei ein Übel. Wie er als Speise nicht in jedem Fall die größere, sondern die am meisten lustspendende vorzieht, so schöpft er auch nicht eine möglichst lange, sondern eine möglichst lustspendende Zeit aus. Wer nun mahnt, der Jüngling solle vollendet leben, der Greis vollendet scheiden, der ist naiv, nicht nur wegen der Annehmlichkeit des Lebens, sondern auch, weil das Einüben des vollkommenen Lebens und des vollkommenen Sterbens ein und dasselbe ist. Noch weit minderwertiger ist der, der sagt, es sei gut, nicht geboren zu sein,

> »einmal geboren, dann schleunigst des Hades Tor zu durchmessen«.

Denn wenn er darauf vertraut und es deshalb behauptet: warum scheidet er dann nicht aus dem Leben? Das steht ihm ja frei, wenn es doch von ihm unumstößlich geplant war. Wenn er aber bloß spottet, so ist er ein Schwätzer unter jenen, die dies nicht zugeben.

Wir müssen uns ferner daran erinnern, daß das Künftige weder ganz und gar in unserer Macht liegt noch ganz und gar nicht in unserer Macht: wir wollen weder erwarten, daß das Künftige ganz und gar so kommen wird, noch davor verzweifeln, daß es ganz und gar nicht so kommen wird.

Wir müssen ferner berücksichtigen, daß die Begierden zum einen anlagebedingt, zum andern ziellos sind. Und zwar sind von den anlagebedingten die einen notwendig, die andern nur anlagebedingt; von den notwendigen wiederum sind die einen zum Glück notwendig, die andern zur Störungsfreiheit des Körpers, die dritten zum bloßen Leben. Denn eine unbeirrte Beobachtung dieser Zusammenhänge weiß ein jedes Wählen und Meiden zurückzuführen auf die Gesundheit des Körpers und die Unerschütterlichkeit der Seele: denn dies ist das Ziel des glückseligen Lebens. Um dessentwillen tun wir ja alles, damit wir weder Schmerz noch Unruhe empfinden. Sooft dies einmal an uns geschieht, legt sich der ganze Sturm der Seele, weil das Lebewesen nicht imstande ist, weiterzugehen wie auf der Suche nach etwas, was ihm mangelt, und etwas anderes zu erstreben, wodurch sich das Wohlbefinden der Seele und des Körpers erfüllen würde. Denn nur dann haben wir ein Bedürfnis nach Lust, wenn wir deswegen, weil uns die Lust fehlt, Schmerz empfinden; [wenn wir aber keinen Schmerz empfinden], bedürfen wir auch der Lust nicht mehr.

Gerade deshalb ist die Lust, wie wir sagen, Ursprung

und Ziel des glückseligen Lebens. Denn sie haben wir als erstes und angeborenes Gut erkannt, und von ihr aus beginnen wir mit jedem Wählen und Meiden, und auf sie gehen wir zurück, indem wir wie mit einem Richtscheit mit der Empfindung ein jedes Gut beurteilen. Und gerade weil dies das erste und in uns angelegte Gut ist, deswegen wählen wir auch nicht jede Lust, sondern bisweilen übergehen wir zahlreiche Lustempfindungen, sooft uns ein übermäßiges Unbehagen daraus erwächst. Sogar zahlreiche Schmerzen halten wir für wichtiger als Lustempfindungen, wenn uns eine größere Lust darauf folgt, daß wir lange Zeit die Schmerzen ertragen haben. Jede Lust also ist, weil sie eine verwandte Anlage hat, ein Gut, jedoch nicht jede ist wählenswert; wie ja auch jeder Schmerz ein Übel ist, aber nicht jeder ist in sich so angelegt, daß er immer vermeidenswert wäre. Doch durch vergleichendes Messen und den Blick auf Zuträgliches und Unzuträgliches ist dies alles zu beurteilen. Denn wir verfahren mit dem Gut zu bestimmten Zeiten wie mit einem Übel, mit dem Übel ein andermal wie mit einem Gut.

Auch die Selbstgenügsamkeit halten wir für ein großes Gut, nicht damit wir es ganz und gar mit dem Wenigen genug sein lassen, sondern um uns dann, wenn wir das Meiste nicht haben, mit dem Wenigen zu begnügen, da wir im vollen Sinne überzeugt sind, daß jene am lustvollsten den Aufwand genießen, die seiner am wenigsten bedürfen, und daß alles Anlagebedingte leicht, das Ziellose aber schwer zu beschaffen ist. Denn bescheidene Suppen verschaffen eine ebenso starke Lust wie ein aufwendiges Mahl, sooft das schmerzhafte Gefühl des Mangels aufgehoben wird; auch Brot und Wasser spenden höchste Lust, wenn einer sie aus Mangel zu sich nimmt. Sich also zu gewöhnen an einfache und nicht aufwendige Mahlzeiten befähigt zu voller Gesundheit, macht den Menschen unbeschwert gegenüber den notwendigen Anforderungen des Lebens, stärkt unsere Verfassung, wenn wir uns in Abständen zu aufwendigen Mahlzeiten aufmachen, und entläßt uns angstfrei gegenüber dem Zufall.

Wenn wir also sagen, die Lust sei das Ziel, meinen wir damit nicht die Lüste der Hemmungslosen und jene, die im Genuß bestehen, wie einige, die dies nicht kennen und nicht eingestehen oder böswillig auffassen, annehmen, sondern: weder Schmerz im Körper noch Erschütterung in der Seele zu empfinden. Denn nicht Trinkgelage und aneinandergereihte Umzüge, auch nicht das Genießen von Knaben und Frauen, von Fischen und allem übrigen, was eine aufwendige Tafel bietet, erzeugen das lustvolle Leben, sondern ein nüchterner Verstand, der die Gründe für jedes Wählen und Meiden aufspürt und die bloßen Vermutungen vertreibt, von denen aus die häufigste Erschütterung auf die Seelen übergreift.

Für all dies ist die Einsicht Ursprung und höchstes Gut. Daher ist die Einsicht sogar wertvoller als die Philosophie: ihr entstammen alle übrigen Tugenden, weil sie lehrt, daß es nicht möglich ist, lustvoll zu leben, ohne einsichtsvoll, vollkommen und gerecht zu leben, [ebensowenig, einsichtsvoll, vollkommen und gerecht zu leben,] ohne lustvoll zu leben. Denn die Tugenden sind ursprünglich verwachsen mit dem lustvollen Leben, und das lustvolle Leben ist von ihnen untrennbar.

[Epikur: Brief an Menoikeus]

5. Epiktet: Worüber wir gebieten und worüber nicht

Über das eine gebieten wir, über das andere nicht. Wir gebieten über unser Begreifen, unsern Antrieb zum Handeln, unser Begehren und Meiden, und, mit einem Wort, über alles, was von uns ausgeht; nicht gebieten wir über unsern Körper, unsern Besitz, unser Ansehen, unsere

Machtstellung, und, mit einem Wort, über alles, was nicht von uns ausgeht.

Worüber wir gebieten, ist von Natur aus frei, kann nicht gehindert oder gehemmt werden; worüber wir aber nicht gebieten, ist kraftlos; abhängig, kann gehindert werden und steht unter fremdem Einfluß. Denk also daran: Wenn du das von Natur aus Abhängige für frei hältst und das Fremde für dein eigen, so wird man deine Pläne durchkreuzen und du wirst klagen, die Fassung verlieren und mit Gott und der Welt hadern; hältst du aber nur das für dein Eigentum, was wirklich dir gehört, das Fremde hingegen, wie es tatsächlich ist, für fremd, dann wird niemand je dich nötigen, niemand dich hindern, du wirst niemanden schelten, niemandem die Schuld geben, nie etwas wider Willen tun, du wirst keinen Feind haben, niemand wird dir schaden, denn du kannst überhaupt keinen Schaden erleiden.

Wenn du nun nach so hohen Zielen strebst, denke daran, daß du nicht mit nur mäßigem Bemühen nach ihnen greifen darfst, nein, du mußt auf manches ganz verzichten, manches vorläufig aufschieben.

Wenn du aber außerdem auch auf Macht und Reichtum aus bist, so wirst du vielleicht auch hierin scheitern, weil du zugleich nach jenem strebst; auf alle Fälle wirst du das verfehlen, woraus allein Freiheit und Glück hervorgehen. Bemühe dich daher, jedem ärgerlichen Eindruck sofort entgegenzuhalten: »Du bist nur ein Eindruck, und ganz und gar nicht das, was du zu sein scheinst.« Dann prüfe und begutachte den Eindruck nach den Regeln, die du kennst, vor allem nach der ersten Regel, ob der Eindruck zu tun hat mit den Dingen, über die wir gebieten oder nicht gebieten, und wenn er mit etwas zu tun hat, über das wir nicht gebieten, dann habe die Antwort zur Hand: »Es geht mich nichts an.«

[Epiktet: Handbüchlein der Moral]

III. Freiheit

Ist unser Wille frei? Diese Frage stellt sich demjenigen, welcher der Ansicht ist, dass alles Gegenwärtige durch das Vorangegangene bestimmt ist (Determinismus), denn dann ist auch der Wille durch das Vorangegangene bestimmt und ist somit, so könnte man sagen, nicht frei. Die Frage stellt sich allerdings auch dem, der der Ansicht ist, dass das Gegenwärtige nicht bestimmt ist durch das Vorangegangene (Indeterminismus), denn dann kann auch der Wille das Zukünftige nicht bestimmen und ist somit, so könnte man sagen, ebenfalls nicht frei. Entweder ist der Determinismus oder der Indeterminismus wahr. Da aus beiden Thesen folgt, dass der Wille nicht frei ist, kann er nicht frei sein. Dies ist das Dilemma des Determinismus. Bevor man sich dem Problem zuwendet, mag es hilfreich sein, sich zu vergegenwärtigen, was wir im Alltag als »freiwillig« und »unfreiwillig« bezeichnen. Genau dies unternimmt Aristoteles zu Beginn des dritten Buches der *Nikomachischen Ethik* (Text 1). Von ihm stammt auch der erste Versuch, die Entscheidung zu einer Handlung als einen Schluss aufzufassen, als einen praktischen Syllogismus (Text 2). Damit ist jedoch das Problem der Willensfreiheit noch nicht gelöst. Epikur führt den Begriff einer ursachenlosen Bahnabweichung der Atome ein, da er glaubt, dass er nur so die Willensfreiheit retten könne. Diesem Indeterminismus von Epikur hält Cicero (106–43 v. Chr.) einen Kompatibilismus von Determinismus und Willensfreiheit entgegen (Text 3). Die Ansicht der Fatalisten lautet, dass der Determinismus zur Folge haben würde, dass keine Anstrengung zum Handeln mehr vonnöten sei, da es ja bereits durch das Schicksal, das

Fatum, bestimmt sei, was geschehen würde. Determinismus impliziert jedoch nicht Fatalismus, wie Cicero mit Verweis auf ein Argument von Chrysipp zeigt (Text 4).

1. Aristoteles: Freiwillig und unfreiwillig

Nachdem es Lob und Tadel nur bei dem gibt, was freiwillig geschieht, während das Unfreiwillige Nachsicht und manchmal auch Mitgefühl findet, so ist es wohl für den, der über Ethik philosophiert, notwendig, die Begriffe »freiwillig« und »unfreiwillig« gegeneinander abzugrenzen. Es ist überdies auch nützlich für den Gesetzgeber, wenn er Ehren oder Strafen anordnet.

Als unfreiwillig gilt, was unter Zwang oder aus Unwissenheit geschieht. Gewaltsam ist ein Vorgang, dessen bewegendes Prinzip von außen her eingreift, und zwar so, daß bei seinem Einwirken die handelnde oder die erleidende Person in keiner Weise mitwirkt: wenn z.B. jemand durch einen Sturmwind irgendwohin entführt wird oder durch Menschen, in deren Gewalt er sich befindet.

Taten aber, die aus Angst vor noch größerem Unheil oder für ein edles Ziel ausgeführt werden – wenn z.B. ein Tyrann jemandem ein Verbrechen zu tun befiehlt, dessen Eltern und Kinder er in seiner Gewalt hat, und wenn diesen im Falle der Ausführung der Tat das Leben geschenkt, sonst aber verwirkt wäre – lassen die Streitfrage entstehen, ob sie unfreiwillig oder freiwillig sind. Ähnlich ist es, wenn im Seesturm Teile der Ladung über Bord geworfen werden, denn an sich wirft man Güter nicht aus freien Stücken weg. Jedoch um sich und die anderen zu retten, tut es jeder, der einen gesunden Menschenverstand hat. Solche Handlungen haben also einen Mischcharakter, stehen aber näher dem Freiwilligen, denn im Augenblick des Vollzugs besteht die Freiheit der Wahl, und das Ziel der Handlung wechselt je nach den Umständen. Also muß man von »freiwillig« und »unfreiwillig« sprechen im Hinblick auf den Zeitpunkt des Handelns. Der Mensch handelt aber freiwillig. Denn das Prinzip, das die dienenden Glieder des Leibes bei solchem Handeln bewegt, ist im Menschen, und immer da, wo das bewegende Prinzip im Menschen liegt, steht es auch in der Macht des Menschen zu handeln oder nicht zu handeln. So ist denn dieses Handeln freiwillig. An sich freilich betrachtet, wohl unfreiwillig, denn niemand würde sich für Handlungen, wie wir sie oben beschrieben haben, an sich entscheiden. Wegen solcher Taten werden die Handelnden bisweilen auch gelobt: wenn sie nämlich Schande oder Schmerz auf sich genommen haben, um Ziele zu erreichen, die groß und edel sind. Fehlt diese Voraussetzung, so werden sie getadelt. Denn Erbärmlichstes auf sich zu nehmen und damit keinerlei edles oder nur angemessenes Ziel zu verfolgen, das ist die Art des Minderwertigen. In manchen Fällen wird lobende Anerkennung versagt, dafür aber Nachsicht gewährt: wenn man nämlich etwas tut, was man zwar nicht soll, was aber die Grenzen der menschlichen Natur übersteigt und dem kein Mensch gewachsen wäre. In manchen Fällen indes darf man keinem Zwange weichen, sondern muß eher schwerstes Leid und den Tod auf sich nehmen.

[…] Selbstverständlich kann [die handelnde Person] auch nicht in Unwissenheit sein über die handelnde Person: wie könnte er sich selbst nicht kennen? Dagegen ist es möglich in Unwissenheit darüber zu sein, was man tut. So sagt man z. B., es sei einem während einer Rede ein unbedachtes Wort entwischt oder man habe nicht gewußt, daß etwas nicht ausgesprochen werden dürfe – man denke an Aischylos und die Mysterien – oder man habe etwas nur zeigen wollen und es sei einem dabei losgegangen – man denke an den Mann mit der Wurfmaschine. Es kann jemand auch in den Wahn kommen, der eigene Sohn sei ein Feind, z.B. Merope, oder der Wurfspieß mit Spitze habe vorn einen Knauf oder ein bestimmter Stein sei ein Bimsstein. Und es könnte jemand einen Trunk reichen, um zu heilen, und damit den Tod verursachen. Oder es möchte jemand (seinem Partner) nur die Griffe zeigen, so wie die Ringer, die einander auf Armlänge abtasten, schlägt ihn aber dabei nieder.

[Aristoteles: Nikomachische Ethik, 1109b–1110b, 1111a]

2. Aristoteles: Erklärung der Unbeherrschtheit

Nun kann man fragen, wie jemand ein richtiges Urteil haben und doch ein unbeherrschtes Leben führen könne. Nun, bei klarer Erkenntnis, so sagen manche, sei dies unmöglich, denn es sei unfaßbar, so meinte Sokrates, daß klare Erkenntnis im Menschen sein und dann doch etwas anderes die Oberhand über sie gewinnen und sie wie einen Sklaven willenlos umherschleppen könne. Sokrates war ja überhaupt ein völliger Gegner unserer Theorie, denn es gebe gar keine Unbeherrschtheit: wenn jemand dem, was er für das Beste hält, zuwider handle, so handle er nicht auf Grund eines Urteils, sondern infolge von Unwissenheit. Nun, diese Theorie widerspricht ganz augenscheinlich den Erfahrungstatsachen und man muß eben bei dieser seelischen Gegebenheit, falls das Handeln infolge von Unwissenheit geschieht, untersuchen, auf welche Weise diese Unwissenheit hier zustande kommt. Denn dies ist klar: wer ein unbeherrschtes Leben führt, ist nicht schon der Meinung so handeln zu müssen, bevor er in diesen Zustand gerät.

[…] Weiterhin aber läßt sich die Ursache (der Unbeherrschtheit) auch in ihren natürlich-seelischen Gegebenheiten betrachten, und zwar so: es gibt einerseits die Meinung, die auf das Allgemeine geht, und andererseits die, welche das Einzelgegebene umfaßt – wo bereits die Sinneswahrnehmung in ihre Rechte tritt. Wenn sich aus beiden Formen der Meinung eine einzige ergibt, so muß die Seele in dem einen Fall (bei theoretischem Verhalten) notwendig das zustande gekommene Ergebnis bejahen, dagegen in dem anderen Fall, wo die Meinung auf das Handeln zielt, es augenblicklich in die Tat umsetzen. Wenn z.B. gilt: »Von allem Süßen muß man kosten«, und wenn gilt »Dies hier – als Einzelgegenstand – ist süß«, so muß, wer dazu in der Lage und nicht gehindert ist, dies gleichzeitig auch in die Tat umsetzen. Wenn sich nun in unserem Inneren die auf das Allgemeine gehende Meinung findet, welche uns hindern möchte vom Süßen zu kosten, und wenn daneben eine zweite Meinung ist: »Alles Süße ist angenehm« – mit dem Untersatz »dies hier ist süß« – und diese zweite Meinung wirksam wird: und wenn außerdem in unserem Inneren gerade eine Begierde ist –, so fordert die eine Meinung von uns dies zu meiden, während die Begierde, die ja die Kraft hat, jedes unserer Organe zu bewegen, uns treibt. So ist das Ergebnis: man gerät in das unbeherrschte Verhalten unter der Wirkung, wenn man so will, eines überlegenden Elementes – und einer Meinung. Und zwar steht diese Meinung nicht an sich – denn es ist die Begierde, die den wahren Gegensatz bildet, nicht die Meinung –, sondern nur in einer akzidentellen Weise im Gegensatz zur richtigen Planung. Es ergibt sich weiterhin, daß aus diesem Grunde ein Tier nicht unbeherrscht sein kann: es hat nicht das Vermögen ein allgemeines Urteil zu bilden, sondern nur Eindrücke und Erinnerungsbilder von Einzeldingen.

[Aristoteles: Nikomachische Ethik, 1145b, 1147a–1147b]

3. Cicero: Nichts geschieht ohne Ursache

Epikur glaubt aber, die Notwendigkeit werde durch eine Bahnabweichung der Atome vermieden. Nach Gewicht und Stoß taucht deshalb noch eine dritte Art der Bewegung auf, wenn das Atom von seiner Bahn um das kleinstmögliche Intervall (Epikur nennt es *elachiston*) abweicht; daß sich diese Abweichung ohne Ursache ereignet, das anzuerkennen ist er, wenn es weniger in Worten geschieht, durch die Sache gezwungen. Ein Atom weicht von seiner Bahn nämlich nicht durch den Stoß eines anderen Atoms ab. Denn wie könnte eins vom anderen gestoßen werden, wenn die einzelnen Körper sich durch ihre Schwere auf geraden Bahnen in senkrechter Richtung bewegen, wie Epikur lehrt? Hieraus folgt nämlich, daß niemals ein Atom das andere von seiner Bahn abbringt, wenn noch nicht einmal eins das andere berührt. Daraus ergibt sich, daß ein Atom – selbst wenn man annimmt, daß es ein Atom gibt und daß es von seiner Bahn abweicht – ohne Ursache von seiner Bahn abweicht. Diese Theorie führte Epikur deshalb ein, weil er fürchtete, daß wir, falls die Atome sich immer durch ihr natürliches und notwendiges Gewicht bewegen, keinerlei Freiheit haben, da der Geist dann so bewegt würde, wie er durch die Bewegung der Atome sich zu bewegen gezwungen würde. Demokrit, der Autor der Atomtheorie, nahm lieber an, daß alles durch Notwendigkeit geschieht, als daß er den atomaren Körpern ihre natürlichen Bewegungen genommen hätte.

Eine scharfsinnigere Argumentationslinie wählte Karneades, indem er zeigte, daß die Epikureer ihre Sache ohne diese fiktive Bahnabweichung verteidigen könnten. Denn weil sie lehrten, es könne so etwas wie eine willentliche Bewegung der Seele geben, wäre es besser gewesen, dies zu verteidigen, als die Bahnabweichung einzuführen, vor allem, weil sie dafür überhaupt keinen Grund anzugeben vermochten. Wenn sie stattdessen die willentlichen Seelenbewegungen verteidigt hätten, hätten sie Chrysipp leicht entgegentreten können. Denn wenn sie dann zugestanden hätten, daß keine Bewegung ohne Ursache ist, hätten sie deswegen keineswegs zugestehen müssen, daß alles, was geschieht, aufgrund vorausgehender Ursachen geschieht; denn unser Wille hat keine externen, ihm vorausgehenden Ursachen. Wenn wir deshalb sagen, ohne Ursache wolle jemand etwas oder wolle etwas nicht, dann nutzen wir einen allgemeinen Sprachgebrauch aus; mit »ohne Ursache« meinen wir nämlich ›ohne externe, vorausgehende Ursache‹, und nicht ›ohne jedwede Art Ursache‹. Gerade so, wie wir, wenn wir sagen, ein Gefäß sei leer, nicht in der Art der Naturphilosophen reden, nach deren Auffassung das Leere schlechthin nichts ist, sondern so reden, daß wir sagen, das Gefäß sei z.B. ohne Wasser, ohne Wein oder ohne Öl, so meinen wir auch, wenn wir sagen, der Geist bewege sich ohne Ursache, daß er sich ohne vorausgehende, externe Ursache bewegt, und nicht, daß er sich überhaupt ohne Ursache bewegt. Über das Atom selbst läßt sich sagen, daß, wenn es sich dank seiner Schwere und seines Gewichts durch das Leere hindurch bewegt, es sich ohne Ursache bewegt, insofern keine externe Ursache hinzutritt. Aber damit wir uns nicht alle dem Gelächter der Naturphilosophen aussetzen, wenn wir sagen, es geschehe etwas ohne Ursache, müssen wir wiederum eine Unterscheidung treffen und sagen, es sei dies die Natur des Atoms selbst, daß es sich dank seines Gewichts und seiner Schwere bewegt, und daß diese Natur selbst die Ursache ist, warum es sich so bewegt. Ähnlich besteht bei den willentlichen Bewegungen des Geistes kein Anlaß, nach einer externen Ursache zu suchen. Die willentliche Bewegung selbst hat nämlich eine Natur in sich von der Art, daß diese Bewegung in unserer Macht liegt und uns gehorcht, und diese Tatsache ist nicht ohne Ursache; denn die Ursache dafür ist die eigene Natur dieser Sache.

[Cicero: De fato]

4. Cicero: Gegen das Argument der Fatalisten

Auch wird uns das sogenannte ›Faule Argument‹ nicht blockieren (der *argos logos*, wie es von den Philosophen genannt wird); wenn wir dem folgen würden, würden wir im Leben überhaupt nichts tun. Man entwickelt es folgendermaßen: »Wenn es dir vom Fatum beschieden ist, von dieser Krankheit zu genesen, dann wirst du genesen, ob du nun einen Arzt beiziehst oder ihn nicht beiziehst. Ebenso, wenn es dir vom Fatum beschieden ist, von dieser Krankheit nicht zu genesen, dann wirst du nicht genesen, ob du nun einen Arzt beiziehst oder ihn nicht beiziehst. Das eine oder das andere ist dir vom Fatum beschieden. Also einen Arzt beizuziehen ist witzlos.« ... Von Chrysipp wird dieses Argument kritisiert. Einige Ereignisse in der Welt, so sagt er, sind einfach, andere komplex. Einfach ist »Sokrates wird an dem und dem Tag sterben«; sein Todestag ist festgesetzt, ob er nun etwas tut oder nicht. Wenn das Fatum aber etwa lautet »Dem Laios wird der Ödipus geboren«, kann man nicht sagen »ob Laios nun mit einer Frau zusammen war oder nicht«. Denn das Ereignis ist komplex und ko-schicksalhaft. So nämlich nennt er das, weil das Fatum sowohl zum Inhalt hat, daß Laios mit seiner Frau zusammensein wird, als auch, daß von ihr Ödipus geboren werden wird. Ebenso, nimm an, der Spruch laute »Milon wird bei den Olympischen Spielen ringen«. Wenn darauf einer entgegnen wollte: »Wird er also ringen, ob er nun einen Gegner hat oder nicht«, so wäre der im Irrtum. Denn »Er wird ringen« ist komplex, weil es kein Ringen ohne Gegner gibt. Alle Trugschlüsse dieser Art werden also auf dieselbe Weise zurückgewiesen. »Du wirst gesund werden, ob du nun einen Arzt beiziehst oder nicht« ist trugschlüssig; denn einen Arzt beizuziehen ist ebenso schicksalhaft wie zu genesen. Chrysipps Ausdruck für diese Fälle ist, wie gesagt, »ko-schicksalhaft«.

[Cicero: De fato]

Mittelalter

IV. Gott

Gibt es Gott? Während in der Antike der Glaube an eine Vielheit von Göttern (Polytheismus) weit verbreitet war, setzt sich mit der Christianisierung der Glaube an einen einzigen Gott (Monotheismus) in den meisten Teilen Europas durch. Der Glaube an den einen Gott, der als allmächtig und allgütig gedacht wird, muss sich der bereits von Lukrez formulierten Herausforderung stellen, zu erklären, wie das Böse oder das Übel in der Welt möglich ist (Theodizee-Problem). Das Problem stellt sich auch dann, wenn man annimmt, das Böse entstamme dem Willen des Menschen, wie Aurelius Augustinus (354–430) in den *Bekenntnissen* zeigt (Text 1). Verschiedene mittelalterliche Gelehrte versuchten die Existenz Gottes zu beweisen. Thomas von Aquin (1225–1274) formuliert in der *Summa Theologiae* fünf Wege, die Existenz Gottes aufzuzeigen. Der fünfte Weg versucht die Existenz Gottes aus einem Plan oder Zweck in der Natur abzuleiten (Text 2). Dieser Weg ist auch als »teleologischer Gottesbeweis« bekannt (von gr. *telos*, Ziel, Zweck). Der zweite Weg stützt sich nicht auf einen konkreten Plan oder Zweck, sondern auf die allgemeine Ordnung der Welt, genauer darauf, dass in der Welt Ursachen und Wirkungen bestehen (Text 3). Dieser Weg ist auch als »kosmologischer Gottesbeweis« bekannt (von gr. *kosmos*, Ordnung, Schmuck). Den vielleicht subtilsten Gottesbeweis formulierte

Anselm von Canterbury (1033–1109): In der Schrift *Proslogion*, einer *Anrede* an Gott, versucht er zu zeigen, dass der Tor, d.h. derjenige, der die Existenz Gottes verneint, also der Atheist, ebenfalls glauben muss, dass Gott existiert. Anselm versucht die Existenz Gottes aus dem Begriff von Gott abzuleiten (Text 4). Dies ist als »ontologischer Gottesbeweis« bekannt (»ontologisch« als »das Sein betreffend«). Kant hat später in seiner *Kritik der reinen Vernunft* alle Gottesbeweise widerlegt, den ontologischen mit der Begründung, dass die Tatsache, dass etwas existiert, keine Eigenschaft wie etwa die, eine bestimmte Farbe zu haben, ist (vgl. KrV B 612ff.).

1. Augustinus: Gott und das Böse

Ich bemühte mich, klar einzusehen, was man mir wiederholt sagte: Der freie Entscheid des Willens sei der Ursprung dessen, dass wir böse handeln, und dein [Gottes] rechtes Urteil sei der Ursprung dessen, dass wir leiden, aber ich war nicht imstande, diesen klaren Ursprung einzusehen. Wenn ich daher versuchte, die Spitze meines Geistes aus meiner Tiefe heraufzuheben, so tauchte ich wieder unter; oft versuchte ich es erneut, tauchte aber immer wieder unter. Was mich hinaufhob in dein Licht, war, dass ich mir so gewiss war, einen Willen zu haben, wie ich wusste, dass ich lebe. Daher war ich mir dessen ganz gewiss, wenn ich etwas wollte oder nicht wollte, dass ich es dann war, der wollte oder nicht wollte. Und immer mehr erfasste ich, dass hier der Ursprung meiner Sünde lag. Ich sah auch, wenn ich etwas widerwillig tat, dass dies eher ein Erleiden als ein Tun ist. Ich beurteilte das dann nicht als

Schuld, sondern als Strafe, von der ich bald bereitwillig eingestand, sie treffe mich nicht zu Unrecht, dachte ich dich doch als gerecht. Aber dann fragte ich mich wiederum: »Wer hat mich gemacht? Nicht etwa mein Gott, der nicht nur gut ist, sondern das Gute selbst? Woher kommt es also, dass ich das Böse will und das Gute nicht will? Damit es etwas gebe, wofür ich gerechterweise Strafe erleiden könnte? Wer hat diesen Samen der Bitternis in mich hineingelegt und -gepflanzt, wo ich doch ganz das Werk meines gütigen Gottes bin? War der Teufel der Urheber, woher dann der Teufel? Wenn er selbst durch seinen verkehrten Willen aus einem guten Engel zum Teufel geworden ist, woher kam dann in ihn der böse Wille, durch den er der Teufel geworden ist, wenn der ganze Engel von einem sehr guten Schöpfer gemacht wurde?« Durch solche Überlegungen wurde ich dann wieder herabgedrückt und erstickt, aber sie stürzten mich nicht zurück in jenen Abgrund des Irrtums, in dem niemand dir seine Sünden bekennt, weil er eher glaubt, du erlittest das Böse, als der Mensch tue das Böse.

[Augustinus: Confessiones/Bekenntnisse,
7. Buch III, 4–5]

2. Thomas von Aquin: Der teleologische Gottesbeweis

Wir sehen, daß manches, was der Erkenntnis ermangelt, nämlich die natürlichen Körper, wegen eines Zieles wirkt, was daraus hervorgeht, daß sie immer oder meistens auf dieselbe Weise wirken, und das erreichen, was das Beste ist. Daraus ist klar, daß sie nicht durch Zufall, sondern auf Grund einer Absicht zum Ziele gelangen. Das aber, was keine Erkenntnis hat, kann nur in der Weise auf ein Ziel absehen, daß es von einem Erkennenden und Denkenden gerichtet wird, wie der Pfeil von dem Schützen. Also ist ein Denkendes, durch das alle Naturdinge zum Ziele geordnet werden, und das nennen wir Gott.

[Thomas von Aquin: Summa Theologiae,
2. Untersuchung, 3. Art.]

3. Thomas von Aquin: Der kosmologische Gottesbeweis

Wir finden, daß in dem Sinnlichen um uns eine Ordnung der wirkenden Ursachen besteht, aber man findet nicht, noch ist es möglich, daß etwas wirkende Ursache von sich selbst ist, weil es so früher als es selbst wäre, was unmöglich ist. Es ist aber nicht möglich, daß es mit den wirkenden Ursachen ins Unendliche fortgeht, weil bei allen geordneten wirkenden Ursachen das Erste die Ursache des mittleren, und das Mittlere die Ursache des Letzten ist, mag nun mehreres oder nur ein Mittleres sein. Wird aber die Ursache aufgehoben, so wird die Wirkung aufgehoben. Gibt es also unter den wirkenden Ursachen kein Erstes, so wird es kein Letztes und kein Mittleres geben. Wenn es aber mit den wirkenden Ursachen ins Unendliche fortgeht, so wird es keine erste wirkende Ursache geben, und so wird es weder eine letzte Wirkung noch mittlere Wirkursachen geben, was offenbar falsch ist. Also muß man irgendeine erste wirkende Ursache setzen, die alle Gott nennen.

[Thomas von Aquin: Summa Theologiae,
2. Untersuchung, 3. Art.]

4. Anselm von Canterbury: Der ontologische Gottesbeweis

So denn, Herr, der Du die Glaubenseinsicht schenkst, gib mir, soweit Du es für nützlich erachtest, dass ich verstehe, dass Du bist, wie wir es glauben, und dass Du das bist, was wir glauben. Und zwar glauben wir, dass Du etwas bist, über das hinaus nichts Größeres gedacht werden kann. Oder ist etwa ein solches Wesen nicht, weil der Tor in seinem Herzen gesprochen hat: Es ist kein Gott? Wenn aber eben derselbe Tor eben das hört, was ich sage, nämlich etwas, über das hinaus nichts Größeres gedacht werden kann, so versteht er ganz gewiss, was er hört, und was er versteht, ist in seinem Verstande, auch wenn er nicht versteht, dass dies ist. Eines nämlich ist es, wenn eine Sache im Verstande ist, etwas anderes, wenn man versteht, dass eine Sache ist. Wenn nämlich ein Maler zuvor denkt, was er ausführen wird, hat er [es] zwar im Verstande, aber er versteht noch nicht, dass das, was er noch nicht geschaffen hat, sei. Hat er es aber bereits gemalt, so hat er es sowohl im Verstande als auch versteht er, dass das, was er bereits geschaffen hat, ist. So wird also auch der Tor überzeugt, dass etwas, über das hinaus nichts Größeres gedacht werden kann, zumindest im Verstande ist, weil er das versteht, wenn er es hört; und was auch immer verstanden wird, ist im Verstande. Und gewiss kann das, über das hinaus Größeres nicht gedacht werden kann, nicht allein im Verstande sein. Denn wenn es nur im Verstande allein ist, so kann man denken, es sei auch in der Wirklichkeit, was größer ist. Wenn also das, über das hinaus Größeres nicht gedacht werden kann, im Verstande allein ist, so ist eben das, über das hinaus Größeres nicht gedacht werden kann, dasjenige, über das hinaus Größeres gedacht werden kann. Das aber kann mit Sicherheit nicht der Fall sein. Es existiert also ohne Zweifel etwas, über das hinaus Größeres nicht gedacht werden kann, [und zwar] sowohl im Verstande als auch in der Wirklichkeit.

[Anselm von Canterbury: Proslogion/Anrede, 2. Kap., 1–13]

Neuzeit

V. Außenwelt

Gibt es die Dinge in der Welt um uns herum, in der Außenwelt? Nichts scheint naheliegender zu sein, als diese Frage zu bejahen. Doch genau dies wurde von Philosophen in Zweifel gezogen. Der einflussreiche französische Philosoph, Mathematiker und Naturwissenschaftler René Descartes (1596–1650) treibt in seinen *Meditationen über die erste Philosophie* (1641) den skeptischen Zweifel auf die Spitze (Text 1). In der ersten von insgesamt sechs Meditationen formuliert er drei skeptische Argumente: das Argument der Sinnestäuschung, das Traumargument und das Argument des bösen Betrügers (*malin génie*). Descartes ist selbst kein Skeptiker, sondern benützt die Argumente als Methode, um zu Gewissheit zu gelangen. Man spricht deshalb auch von einem »methodischen Zweifel«. Zur ersten Gewissheit gelangt er in der zweiten Meditation (vgl. hier Kap. VI, Text 1). Der englische Philosoph John Locke (1632–1702) zeigt sich von skeptischen Argumenten unbeeindruckt. In seinem *Versuch über den menschlichen Verstand* (1690) möchte er zeigen, dass die Dinge der Außenwelt existieren, d. h. real sind – man nennt diese Position deshalb »Realismus« (Text 2). Der Bischof George Berkeley (1685–1753) entwickelt in seiner *Abhandlung über die Prinzipien der menschlichen Erkenntnis* (1710) eine idealistische Theorie: Es gibt keine materiellen Gegenstände, sondern nur Ideen, sowie geistige Wesen, welche Ideen perzipieren, d.h. wahrnehmen (Text 3). Der Königsberger Philosoph Immanuel Kant (1728–1804) führt in der *Kritik der reinen Vernunft* (1781/87) Realismus und Idealismus in eine neue Position über, den Transzendentalen Idealismus. »Transzendental« bedeutet »die Bedingungen der Möglichkeit betreffend«. Bedingung der Möglichkeit von Erfahrung sind laut Kant einerseits gewisse allgemeine Formen der Anschauung, nämlich Raum und Zeit: Wir können keinerlei sinnliche Erfahrungen machen von etwas, das nicht in Raum und Zeit ist. Andererseits ist es eine Bedingung der Möglichkeit dafür, dass es Erscheinungen gibt, dass es auch etwas gibt, das uns erscheint, nämlich das Ding an sich (Text 4, s. auch Kap. VI, Text 6).

1. René Descartes: Skeptische Argumente

Schon vor Jahren bemerkte ich, wieviel Falsches ich von Jugend auf als wahr hingenommen habe und wie zweifelhaft alles sei, was ich später darauf gründete; darum war ich der Meinung, ich müsse einmal im Leben von Grund auf alles umstürzen und von den ersten Grundlagen an ganz neu anfangen, wenn ich später einmal etwas Festes und Bleibendes in den Wissenschaften errichten wollte. Dies schien mir aber eine ungeheure Aufgabe zu sein, und so wartete ich jenes reife Alter ab, auf das kein für wissenschaftliche Forschungen geeigneteres folgen würde. Darum habe ich so lange gezögert, daß ich jetzt eine Schuld auf mich laden würde, wenn ich die Zeit, die mir zum Handeln noch übrig ist, mit Zaudern vergeuden wollte. Da trifft es sich sehr günstig, daß ich heute meinen Geist von allen Sorgen losgelöst und mir ungestörte Muße verschafft habe. Ich ziehe mich also in die Einsamkeit zurück und will ernst und frei diesen allgemeinen Umsturz aller meiner Meinungen vornehmen.

Dazu wird es indessen nicht nötig sein, daß ich allen die Falschheit nachweise; dies könnte ich vielleicht niemals erreichen. Da ja schon die Vernunft anrät, bei nicht ganz gewissen und zweifelsfreien Ansichten uns ebenso sorgfältig der Zustimmung zu enthalten wie bei solchen, die ganz sicher falsch sind, so reicht es für ihre Verwerfung insgesamt aus, wenn ich in einer jeden irgendeinen Anlaß zum Zweifeln finde. Auch braucht man sie darum nicht einzeln durchzugehen; das wäre eine endlose Arbeit. Da ja bei der Untergrabung der Fundamente alles, was darauf gebaut ist, von selbst zusammenstürzt, werde ich unmittelbar die Prinzipien selbst angreifen, auf die alles sich stützte, was ich früher für wahr hielt.

Alles nämlich, was ich bis heute als ganz wahr gelten ließ, empfing ich unmittelbar oder mittelbar von den Sinnen; diese aber habe ich bisweilen auf Täuschungen ertappt, und es ist eine Klugheitsregel, niemals denen volles Vertrauen zu schenken, die uns auch nur ein einziges Mal getäuscht haben.

Indessen, wenn uns auch die Sinne zuweilen über kleine und ferner liegende Gegenstände täuschen, so ist doch an den meisten andern zu zweifeln gar nicht möglich, ungeachtet ihres sinnlichen Ursprungs; so z. B., daß ich hier bin, am Ofen sitze, meinen Winterrock anhabe, dieses Papier hier mit den Händen berühre und dergleichen. Mit welchem Recht könnte ich leugnen, daß diese Hände, dieser ganze Körper mein sind? – ich müßte mich denn mit gewissen Verrückten vergleichen, deren Gehirn ein hartnäckiger melancholischer Dunst so schwächt, daß sie unbeirrt versichern, sie seien Könige, während sie ganz arm sind, oder sie trügen Purpur, während sie nackt sind, oder sie hätten einen Kopf von Ton oder seien ganz Kürbisse oder aus Glas geblasen. Allein das sind Wahnsinnige, und ich würde ebenso verrückt erscheinen, wenn ich auf mich anwenden wollte, was von ihnen gilt.

Gut so! aber bin ich denn nicht ein Mensch, der nachts zu schlafen pflegt und dann alles das, und manchmal noch viel Unglaublicheres, im Traum erlebt wie jene im Wachen? Wie oft erst glaube ich gar nachts im Traume ganz Gewöhnliches zu erleben; ich glaube hier zu sein, den Rock anzuhaben und am Ofen zu sitzen – und dabei liege ich entkleidet im Bett! Jetzt aber schaue ich sicherlich mit ganz wachen Augen auf dieses Papier. Dieser Kopf, den ich bewege, ist nicht vom Schlaf umfangen. Mit Überlegung und Bewußtsein strecke ich diese Hand aus und empfinde dies auch. So deutlich würde ich nichts im Schlaf erleben.

Ja, aber erinnere ich mich denn nicht, daß ich auch von ähnlichen Gedanken in Träumen getäuscht worden bin? Während ich aufmerksamer hierüber nachdenke, wird mir ganz klar, daß nie durch sichere Merkmale der Schlaf vom Wachen unterschieden werden kann, und dies macht mich so stutzig, daß ich gerade dadurch fast in der Meinung zu träumen bestärkt werde.

Wohlan denn, wir träumen, und unwahr sollen alle jene Einzelheiten sein: daß wir die Augen öffnen, den Kopf bewegen, die Hände ausstrecken, ja sogar, daß wir solche Hände, überhaupt solch einen Körper haben! Gleichwohl aber müssen wir eingestehen, daß uns im Schlaf gleichsam gewisse Malereien erschienen sind, die nur nach dem Vorbilde wirklicher Dinge gebildet werden konnten, und daß darum wenigstens im allgemeinen Augen, Kopf, Hände und der ganze Körper nicht als eingebildete, sondern als wirkliche Dinge existieren. Denn es können ja selbst die Maler nicht einmal dann, wenn sie Sirenen und Satyrisken in den ungewöhnlichsten Gestalten zu schaffen suchen, diesen in jeder Beziehung neue Eigentümlichkeiten beilegen; sie vermischen vielmehr lediglich Glieder verschiedener Geschöpfe miteinander. Ja, selbst wenn sie sich vielleicht etwas so Neues ausdenken, daß man überhaupt nie Ähnliches gesehen hat, also etwas völlig Erdichtetes und Unwahres, so müssen doch sicherlich mindestens die Farben wirklich sein, mit denen sie es darstellen. Wenngleich daher auch Augen, Kopf, Hände und ähnliches im allgemeinen bloße Einbildungen sein könnten, muß man doch aus ebendemselben Grunde wie oben anerkennen, daß notwendigerweise wenigstens irgend etwas anderes noch Einfacheres und Allgemeineres wirklich sein müsse, aus dem – gleich wie aus den wirklichen Farben – alle jene wahren oder unwahren Bilder von Dingen gestaltet werden, die in unserem Bewußtsein vorhanden sind.

Dazu gehört anscheinend die Natur des Körpers im allgemeinen und seine Ausdehnung, desgleichen die Gestalt der ausgedehnten Dinge, ferner die Quantität, d. h., ihre Größe und Anzahl; ebenso der Ort, an dem sie sind, die Zeit, während deren sie dauern, und ähnliches.

Somit könnten wir hieraus wohl zu Recht schließen, daß die Physik, die Astronomie, die Medizin und alle andern Wissenschaften, die von der Betrachtung der zusammengesetzten Körper abhängen, wenigstens zweifelhaft seien, während die Arithmetik, Geometrie und vergleichbare, die lediglich die einfachsten und allgemeinsten Dinge behandeln und sich wenig darum kümmern, ob diese in Wirklichkeit da sind oder nicht, etwas Sicheres und Unzweifelhaftes enthalten. Denn ob ich nun schlafe oder wache: zwei und drei geben zusammen fünf, und das Quadrat hat nicht mehr als vier Seiten. Es scheint unmöglich, daß so offenbare Wahrheiten in den Verdacht der Falschheit geraten könnten.

Nun ist aber meinem Geist eine gewisse althergebrachte Meinung eingeprägt, es gebe nämlich einen Gott, der alles vermag; von ihm sei ich, so wie ich da bin, geschaffen worden. Warum aber soll dieser es nicht etwa so eingerichtet haben, daß es überhaupt gar keine Erde, keinen Himmel, nichts Ausgedehntes, keine Gestalt, keine Größe, keinen Ort gibt und daß trotzdem alles dies mir genauso wie jetzt da zu sein scheint? Wäre es nicht sogar möglich, daß ich mich irre, sooft ich zwei und drei addiere oder die Seiten des Quadrats zähle oder bei irgend etwas anderem, womöglich noch Leichterem; ganz wie meiner Meinung nach die Leute bisweilen in Sachen irren, die sie aufs allergenaueste zu kennen meinen?

[René Descartes: Meditationen über die erste Philosophie, 1. Meditation]

2. John Locke: Über unser Wissen von den Dingen

Das Wissen von unserem eigenen Dasein besitzen wir durch Intuition. Die Existenz eines Gottes läßt uns, wie ich gezeigt habe, die Vernunft klar erkennen.

Die Kenntnis von der Existenz *aller andern Dinge* können wir nur durch *Sensation* erlangen. Es besteht nämlich kein notwendiger Zusammenhang zwischen der realen Existenz und irgendeiner *Idee*, die jemand im Gedächtnis hat; desgleichen besteht kein Zusammenhang zwischen irgendeiner anderen Existenz – ausgenommen derjenigen Gottes – und der Existenz eines einzelnen Menschen. Folglich kann ein Einzelmensch die Existenz eines andern Wesens nur dann erkennen, wenn dieses tatsächlich auf ihn einwirkt und sich dadurch bemerkbar macht. Denn daß wir die Idee eines Dinges in unserm Geist haben, beweist dessen Existenz ebensowenig, wie das Bildnis eines Menschen dessen Dasein in der Welt beweist oder wie Traumbilder ein wirkliches Geschehen zustandebringen.

Deshalb ist es der *tatsächliche Empfang* von Ideen aus

der Umwelt, der uns von der Existenz anderer Dinge Kunde gibt und uns erkennen läßt, daß im gegebenen Augenblick wirklich etwas außer uns existiert, das jene Ideen in uns verursacht. Dennoch ist es möglich, daß wir vielleicht weder wissen noch danach fragen, wie sich dieser Vorgang abspielt. Denn es beeinträchtigt nicht die Zuverlässigkeit unserer Sinne und die Gewißheit der Ideen, die wir durch sie empfangen, daß wir nicht wissen, auf welche Weise sie erzeugt werden. Während ich zum Beispiel dieses schreibe, habe ich vermittels des auf mein Auge einwirkenden Papiers in meinem Geist die Idee erzeugt, die ich – gleichviel welches Objekt sie verursacht – *weiß* nenne. Hierdurch weiß ich, daß jene Qualität oder jenes Akzidenz (das heißt dasjenige, dessen Auftauchen vor meinen Augen immer diese Idee verursacht) wirklich existiert und ein Dasein außer mir besitzt. Die größte Gewißheit hierfür, die ich überhaupt haben und mit meinen Fähigkeiten erlangen kann, ist das Zeugnis meiner Augen; sie sind die zuständigen und alleinigen Richter in dieser Frage. Das Zeugnis meiner Augen kann ich mit Recht als so zuverlässig ansehen, daß ich – während ich schreibe – ebensowenig daran zweifeln kann, daß – ich schwarz und weiß sehe und daß wirklich etwas existiert, das jene Sensation in mir verursacht, wie daß ich schreibe oder meine Hand bewege. Letzteres aber ist eine Gewißheit, die so groß ist, daß die menschliche Natur von der Existenz irgendeines Dinges – abgesehen von der des eigenen Ichs und dem Dasein Gottes – keine größere zu erlangen vermag.

Die Kenntnis, die wir durch unsere Sinne von der Existenz von Dingen außer uns erhalten, ist zwar nicht ganz so gewiß wie unsere intuitive Erkenntnis oder wie die Deduktion unserer Vernunft, welche sich mit klaren, abstrakten Ideen unseres eigenen Geistes befaßt, doch ist sie eine Gewißheit, die den Namen *Wissen* verdient. Wenn wir davon überzeugt sind, daß unsere Fähigkeiten hinsichtlich der Existenz jener Objekte, die auf sie einwirken, richtig arbeiten und uns über sie unterrichten, so kann das nicht für eine schlecht begründete Zuversicht gelten; denn ich meine, niemand kann im Ernst so skeptisch sein, daß er über die Existenz der Dinge, die er sieht und fühlt, ungewiß wäre. Jedenfalls wird jemand, dessen Zweifel so weit geht, (wie er sich auch zu seinen eigenen Gedanken stellen mag), mit mir niemals einen Streit führen, weil er niemals gewiß sein kann, daß ich etwas sage, das seiner eigenen Meinung entgegengesetzt ist. Was mich selbst betrifft, so glaube ich, daß mir Gott über die Existenz von Dingen außer mir eine ausreichende Gewißheit verliehen hat; denn ich bin imstande, durch ihre verschiedenen Anwendungsweisen in mir Freude und Schmerz zu erzeugen; das aber bildet ein Hauptanliegen meines gegenwärtigen Daseins. Soviel ist sicher: die Zuversicht, daß uns unsere Fähigkeiten hierbei nicht täuschen, ist die größte Sicherheit, die wir hinsichtlich der Existenz materieller Wesen erlangen können. Denn wir können nichts ohne die Hilfe unserer Fähigkeiten vollbringen; auch vom Wissen selbst können wir nicht reden ohne die Hilfe unserer Fähigkeiten, die imstande sind, sogar zu begreifen, was Wissen ist.

[John Locke: Versuch über den menschlichen Verstand, 4. Buch, Kap. XI]

3. George Berkeley: Sein ist Wahrgenommenwerden

Jedem, der sich einen Überblick über die Gegenstände der menschlichen Erkenntnis verschafft, leuchtet ein, dass es sich dabei entweder um Ideen handelt, die den Sinnen gegenwärtig eingeprägt sind, oder um solche Ideen, die man empfängt, wenn man auf die Leidenschaften und Operationen des Geistes achtet, oder schließlich um Ideen, die man mittels des Gedächtnisses und der Einbildungskraft durch Zusammensetzung, Teilung oder einfach durch Vergegenwärtigung derjenigen Ideen bildet, die man ursprünglich auf eine der beiden zuerst genannten Weisen empfangen hat. Durch den Gesichtssinn habe ich die Ideen von Licht und Farben in ihren verschiedenen Abstufungen und Varianten. Durch den Tastsinn nehme ich z. B. Härte und Weichheit, Hitze und Kälte, Bewegung und Widerstand wahr, und von alldem mehr oder weniger hinsichtlich der Quantität oder des Grades. Der Geruchssinn liefert mir Gerüche, der Geschmackssinn Geschmacksempfindungen, der Gehörsinn vermittelt dem Geist Geräusche in ihrer ganzen Vielfalt nach Tonlage und Zusammensetzung. Und weil man nun beobachtet, dass einige von diesen einander begleiten, bezeichnet man sie mit einem Namen und betrachtet sie infolgedessen als ein Ding. Da man z. B. beobachtet hat, dass Farbe, Geschmack, Geruch, Gestalt und Festigkeit von gewisser Art zusammen auftreten, hält man sie für ein bestimmtes Ding, das man mit dem Namen ›Apfel‹ bezeichnet. Andere Bündel von Ideen bilden einen Stein, einen Baum, ein Buch und ähnliche Sinnesgegenstände, die, je nachdem ob sie gefallen oder missfallen, die Gefühle von Liebe, Hass, Freude, Kummer usw. hervorrufen.

Aber neben dieser ganzen endlosen Vielfalt von Ideen oder Gegenständen der Erkenntnis gibt es auch etwas, das sie erkennt oder wahrnimmt und verschiedene Operationen wie Wollen, Vorstellen, Erinnern mit ihnen vornimmt. Dieses wahrnehmende, aktive Wesen ist das, was ich ›Gemüt‹, ›Geist‹, ›Seele‹ oder ›mein Ich‹ nenne. Mit diesen Worten bezeichne ich nicht irgendeine meiner Ideen, sondern ein von ihnen völlig verschiedenes Ding, in dem sie existieren oder, was dasselbe ist, durch das sie wahrgenommen werden; denn die Existenz einer Idee besteht im Wahrgenommenwerden.

Jeder wird zugeben, dass weder unsere Gedanken noch unsere Leidenschaften noch die Ideen, die unsere Einbildungskraft hervorbringt, außerhalb des Geistes existieren. Es erscheint aber nicht weniger einleuchtend, dass die verschiedenen Sinnesempfindungen oder die den Sinnen eingeprägten Ideen, wie auch immer sie miteinander gemischt oder verbunden sein mögen (d. h., was für Gegenstände sie auch immer bilden mögen), nicht anders existieren können als in einem Geist, der sie wahrnimmt. Das kann jeder, denke ich, intuitiv erkennen, der darauf achtet, was der Ausdruck ›existieren‹ bedeutet, wenn er auf sinnlich wahrnehmbare Gegenstände angewendet wird. Wenn ich sage: Der Tisch, an dem ich schreibe, existiert, so heißt das: Ich sehe und fühle ihn; und wäre ich außerhalb meines Studierzimmers, so könnte ich seine Existenz in dem Sinn aussagen, dass ich ihn wahrnehmen könnte, wenn ich in meinem Studierzimmer wäre, oder dass irgendein anderer Geist ihn gegenwärtig wahrnimmt. Es war da ein Duft, heißt: Er wurde gerochen. Da war ein Ton, heißt: Er wurde gehört. Eine Farbe oder Gestalt: Sie wurde durch den Gesichtssinn oder durch den Tastsinn wahrgenommen. Dies ist der einzige mir verständliche Sinn dieser und ähnlicher Ausdrücke. Denn was man über die absolute Existenz nichtdenkender Dinge ohne irgendeine Beziehung auf ihr Wahrgenommenwerden sagt, er scheint völlig unverständlich. Ihr *esse* ist *percipi* [Ihr *Sein* ist *Wahrgenommenwerden*], und es ist unmöglich, dass sie irgendeine Existenz außerhalb der Geister oder der denkenden Wesen haben sollten, die sie wahrnehmen.

[…] Einige machen einen Unterschied zwischen *primären* und *sekundären* Qualitäten. Unter den ersteren verstehen sie Ausdehnung, Gestalt, Bewegung, Ruhe, Festigkeit oder Undurchdringlichkeit und Zahl; unter den letzteren alle übrigen Sinnesqualitäten wie Farben, Töne, Geschmäcke usw. Sie räumen ein, dass die Ideen, die wir von diesen Qualitäten haben, nicht Abbilder von irgendetwas sind, das außerhalb des Geistes oder unwahrgenommen existiert; sie behaupten aber, dass unsere Ideen der primären

Qualitäten Muster oder Bilder von Dingen sind, die außerhalb des Geistes in einer nichtdenkenden Substanz existieren, die sie ›Materie‹ nennen. Unter ›Materie‹ müssen wir somit eine träge, empfindungslose Substanz verstehen, in der Ausdehnung, Gestalt und Bewegung wirklich subsistieren. Aber aus dem schon Gezeigten geht deutlich hervor, dass Ausdehnung, Gestalt und Bewegung nur Ideen sind, die im Geist existieren, dass eine Idee nur einer anderen Idee ähnlich sein kann und dass folglich weder sie selbst noch ihre Urbilder in einer nichtwahrnehmenden Substanz existieren können. Hieraus ist offenkundig, dass schon der Begriff von dem, was ›Materie‹ oder ›körperliche Substanz‹ genannt wird, einen Widerspruch einschließt.

[George Berkeley: Abhandlung über die Prinzipien der menschlichen Erkenntnis, §§ 1–3, 9]

4. Immanuel Kant: Erscheinungen und das Ding an sich

Daß Raum und Zeit nur Formen der sinnlichen Anschauung, also nur Bedingungen der Existenz der Dinge als Erscheinungen sind, daß wir ferner keine Verstandesbegriffe, mithin auch gar keine Elemente zur Erkenntnis der Dinge haben, als so fern diesen Begriffen korrespondierende Anschauung gegeben werden kann, folglich wir von keinem Gegenstande als Dinge an sich selbst, sondern nur so fern es Objekt der sinnlichen Anschauung ist, d.i. als Erscheinung, Erkenntnis haben können, wird im analytischen Teile der Kritik bewiesen; woraus denn freilich die Einschränkung aller nur möglichen spekulativen Erkenntnis der Vernunft auf bloße Gegenstände der Erfahrung folgt. Gleichwohl wird, welches wohl gemerkt werden muß, doch dabei immer vorbehalten, daß wir eben dieselben

Gegenstände auch als Dinge an sich selbst, wenn gleich nicht erkennen, doch wenigstens müssen denken können*. Denn sonst würde der ungereimte Satz daraus folgen, daß Erscheinung ohne etwas wäre, was da erscheint.

[Immanuel Kant: Kritik der reinen Vernunft, Vorrede zur 2. Auflage).

* Einen Gegenstand erkennen, dazu wird erfordert, daß ich seine Möglichkeit (es sei nach dem Zeugnis der Erfahrung aus seiner Wirklichkeit, oder a priori durch Vernunft) beweisen könne. Aber denken kann ich, was ich will, wenn ich mir nur nicht selbst widerspreche, d.h. wenn mein Begriff nur ein möglicher Gedanke ist, ob ich zwar dafür nicht stehen kann, ob im Inbegriffe aller Möglichkeiten diesem auch ein Objekt korrespondiere oder nicht. Um einem solchen Begriffe aber objektive Gültigkeit (reale Möglichkeit, denn die erstere war bloß die logische) beizulegen, dazu wird etwas mehr erfordert. Dieses Mehrere aber braucht eben nicht in theoretischen Erkenntnisquellen gesucht zu werden, es kann auch in praktischen liegen.

VI. Erkenntnis

Was ist Erkenntnis? Platon schlägt in seinem Dialog *Theaitetos* die Definition vor, dass Erkenntnis oder Wissen wahre begründete Meinung sei. Doch bedarf das Wissen überhaupt einer Begründung (vgl. Kap. V, Text 2)? Und wenn es einer Begründung bedarf, welcher Art muss diese sein? René Descartes sucht nach einem sicheren Fundament für die Wissenschaft, d. h. nach unbezweifelbarer Gewissheit. Indem er das Argument des bösen Betrügers wieder aufgreift (s. Kap. V, Text 1), gelangt er in der zweiten Meditation zur ersten Gewissheit, zur Gewissheit der eigenen Existenz (Text 1). Descartes ist somit der Auffassung, dass wir allein durch Nachdenken zu sicherem Wissen über die Welt gelangen können. Eine solche Auffassung wird »rationalistisch« genannt (von lat. *ratio*, Vernunft). Im Gegensatz dazu lautet vereinfacht die empiristische Auffassung (von gr. *empeiria*, Erfahrung), dass unser Geist zunächst eine leere Tafel (*tabula rasa*) ist und alle unsere Ideen und somit auch unser Wissen letztlich auf der Erfahrung beruhen. Für diese These argumentiert John Locke in seinem 1690 erschienenen *Versuch über den menschlichen Verstand* (Text 2). Gegen dieses Buch verfasste der Rationalist Gottfried Wilhelm Leibniz (1646–1716) die Streitschrift *Neue Abhandlungen über den menschlichen Verstand* (1704). Diese Abhandlungen sind als Dialog zwischen Philalethes und Theophilus geschrieben. Dabei vertritt der erstgenannte die Ansichten von Locke und der letztgenannte die Ansichten von Leibniz. Leibniz versucht in diesem Dialog unter anderem die These zu verteidigen, dass es eingeborene Ideen gibt (Text 3). Wenn der Empirismus darin recht hat, dass alle unsere Erkenntnis letztlich auf Erfahrung beruht, so ist unbezweifelbare Gewissheit nicht möglich. Der schottische Philosoph David Hume (1711–1776) bringt das Problem, das als »Induktionsproblem« bekannt wurde, in seiner *Untersuchung über den menschlichen Verstand* (1748) auf den Punkt (Text 4). Dabei unterscheidet er zwischen Erkenntnissen, die durch Vernunft allein begründet werden können, also Erkenntnissen *a priori*, und Erkenntnissen, die zur Begründung der Erfahrung bedürfen, also Erkenntnissen *a posteriori*. Hume selbst zieht aus dem Problem einen skeptischen Schluss: Wir können unsere allgemeinen empirischen Wahrheitsansprüche, z. B. dass in unseren Breitengraden die Sonne jeden Morgen aufgeht, nicht rechtfertigen. Was uns dazu bringt, solche Wahrheitsansprüche zu erheben und zum Beispiel zu glauben, dass jeden Morgen die Sonne aufgeht, ist einzig die Gewohnheit (Text 5). Kant hingegen ist nicht bereit, die skeptische Lösung zu akzeptieren: Das Gesetz von Ursache und Wirkung wird nicht durch Induktion der Erfahrung entnommen, sondern ist Bedingung der Möglichkeit der Erfahrung überhaupt, schreibt er in der 1783 erschienenen Schrift *Prolegomena zu einer jeden künftigen Metaphysik, die als Wissenschaft wird auftreten können* (Text 6).

1. René Descartes: Ich denke, also bin ich

Die gestrige Meditation hat mich in so mächtige Zweifel gestürzt, daß ich sie nicht mehr loswerden kann; und doch sehe ich keinen Weg zu ihrer Lösung. Mir ist, als wäre ich unversehens in einen tiefen Strudel geraten und würde so herumgewirbelt, daß ich auf dem Grund nicht Fuß fassen, aber auch nicht zur Oberfläche emporschwimmen kann. Doch ich will den Mut nicht sinken lassen und noch einmal denselben Weg versuchen, den ich gestern gegangen war; ich will also alles beseitigen, was auch nur den Schein eines Zweifels zuläßt, genauso, als hätte ich es für gänzlich falsch erkannt; ich will vorwärts dringen, bis ich etwas Gewisses erkenne, sollte es auch nur die Gewißheit sein, daß es nichts Gewisses gibt. Nur einen Punkt, der fest und unbeweglich sei, verlangte Archimedes, um die ganze Erde von ihrer Stelle zu bewegen. Es eröffnet sich ebenfalls eine große Aussicht, wenn ich auch nur das Geringste finden werde, das gewiß und unerschütterlich ist.

Ich nehme also an, alles, was ich wahrnehme, sei falsch; ich glaube, daß nichts von alledem jemals existiert habe, was mir mein trügerisches Gedächtnis vorführt. Ich habe überhaupt keine Sinne; Körper, Gestalt, Ausdehnung, Bewegung und Ort sind Chimären. Was soll da noch wahr sein? Vielleicht dies Eine, daß es nichts Gewisses gibt.

Aber woher weiß ich, daß es nicht noch etwas von allem bereits Angezweifelten Verschiedenes gibt, das auch nicht den geringsten Anlaß zu einem Zweifel bietet? Gibt es nicht vielleicht einen Gott, oder wie ich denjenigen sonst nennen soll, der mir diese Gedanken einflößt? Doch wozu soll ich dergleichen annehmen, da ich wohl auch selbst ihr Urheber sein könnte? So wäre aber doch wenigstens Ich etwas? Allein ich habe ja bereits geleugnet, daß ich irgendwelche Sinne und irgendeinen Körper habe. Doch halt, was folgt denn hieraus? Bin ich denn so sehr an den Körper und die Sinne gebunden, daß ich nicht ohne sie sein könnte? Aber ich habe in mir die Annahme gefestigt, es gebe gar nichts in der Welt, keinen Himmel, keine Erde, keine Geister, keine Körper: also bin doch auch ich nicht da? Nein, ganz gewiß war Ich da, wenn ich mich von etwas überzeugt habe.

Aber es gibt irgendeinen sehr mächtigen, sehr schlauen Betrüger, der mit Absicht mich immer täuscht. Zweifellos bin also auch Ich, wenn er mich täuscht; mag er mich nun täuschen, soviel er kann, so wird er doch nie bewirken können, daß ich nicht sei, solange ich denke, ich sei etwas. Nachdem ich so alles genug und übergenug erwogen habe, muß ich schließlich festhalten, daß der Satz »Ich bin, Ich existiere«, sooft ich ihn ausspreche oder im Geiste auffasse, notwendig wahr sei.

Ich bin mir aber noch nicht hinreichend klar darüber, wer denn Ich bin – jener Ich, der notwendigerweise ist. Ich muß mich von nun an in acht nehmen, daß ich nicht etwa unvorsichtigerweise etwas anderes für mich selbst halte und so selbst in derjenigen Erkenntnis abirre, die für mich die gewisseste und evidenteste sein soll. Darum will ich mir einmal vergegenwärtigen, wofür ich mich früher hielt, ehe ich auf diese Gedanken gekommen war. Von dieser Vorstellung meiner selbst will ich dann alles in Abzug bringen, was durch die schon angeführten Gründe auch nur im allergeringsten erschüttert werden kann, so daß schließlich nur genau das übrigbleibt, was gewiß und unerschütterlich ist.

Wofür also habe ich mich früher gehalten? Für einen Menschen selbstverständlich. Was aber ist ein Mensch? Soll ich sagen: ein vernünftiges Tier? Nein, denn dann würde sich die Frage anschließen, was ein Tier und was vernünftig sei, und so wäre ich aus einer Frage in mehrere und schwierigere hineingeraten. Ich habe auch keine Zeit mit derartigen Spitzfindigkeiten zu vergeuden. Hier will ich vielmehr auf das achten, was sich ganz von selbst und durch den natürlichen Fortgang für mein Denken ergab, sooft ich erwog, was ich sei.

Zuerst bemerkte ich natürlich, daß ich ein Gesicht, Hände, Arme und diese ganze Gliedermaschine habe, wie man sie auch an einem Leichnam wahrnimmt; ich nannte sie Körper. Dann bemerkte ich, daß ich mich nähre, gehe, fühle und denke, und schrieb diese Tätigkeiten der Seele zu. Was aber diese Seele sei, ließ ich entweder auf sich beruhen, oder ich stellte sie mir als irgendeinen feinen Stoff vor, als etwas dem Wind, dem Feuer oder Äther Vergleichbares, das in meinen gröberen Bestandteilen verbreitet ist. Bezüglich meines Körpers hingegen hatte ich keinerlei Zweifel; ich glaubte seine Natur genau zu kennen, und hätte ich einmal zu beschreiben versucht, wie er sich meinem Geiste darstellt, so hätte ich erklärt: Unter Körper verstehe ich alles, was durch eine Gestalt begrenzt und durch seinen Ort umschrieben werden kann; was seinen Raum so erfüllt, daß es von ihm jeden andern Körper ausschließt; was durch Gefühl, Gesicht, Gehör, Geschmack, Geruch wahrgenommen werden und in verschiedener Weise bewegt werden kann, zwar nicht aus eigener Kraft, aber durch irgendein anderes, mit dem es in Berührung kommt. Meiner Meinung nach war nämlich das Vermögen der Selbstbewegung sowie des Empfindens und Denkens in keiner Weise mit dem Wesen des Körpers vereinbar; ja, ich war geradezu überrascht, dergleichen Fähigkeiten in gewissen Körpern anzutreffen.

Nun aber nehme ich an, irgendein sehr mächtiger und, wenn ich so sagen darf, bösartiger Betrüger habe mich in allem, soweit es ihm nur irgend möglich war, absichtlich irregeführt. Kann ich mir dann noch das geringste von alledem zuschreiben, was ich zur Natur des Körpers rechnete? Ich stutze, denke nach und überlege hin und her, aber nichts will sich mir zeigen; der fruchtlosen Wiederholung werde ich müde.

Wie steht es aber mit dem, was ich der Seele zuschrieb,

mit der Ernährung und dem Gehen? Offenbar bestehen auch diese Tätigkeiten bloß in der Einbildung, da ich nun einmal keinen Körper habe. Aber das Empfinden? Auch dieses geschieht nicht ohne Körper, aber gar oft erschien es mir im Traume, als empfände ich, während ich nachher merkte, daß es nicht wahr sei. Und das Denken? Hier werde ich fündig: das Denken [= Bewußtsein] ist es; es allein kann von mir nicht abgetrennt werden; Ich bin, Ich existiere, das ist gewiß. Wie lange aber? Offenbar solange ich denke, denn es ist ja auch möglich, daß ich, wenn ich überhaupt nicht mehr denken würde, sogleich aufhörte zu sein. Ich lasse jetzt nichts gelten, als was notwendig wahr ist; demnach bin ich genaugenommen lediglich ein denkendes Ding, d.h. Geist bzw. Seele bzw. Verstand bzw. Vernunft; lauter Bezeichnungen, deren Bedeutung mir früher unbekannt war. Ich bin nun ein wirkliches und wahrhaft seiendes Ding. Was denn für ein Ding? Ich sagte ja: ein denkendes.

[René Descartes: Meditationen über die erste Philosophie, 2. Meditation]

2. *John Locke: Der Geist als unbeschriebene Tafel*

Nehmen wir also an, der Geist sei, wie man sagt, ein unbeschriebenes Blatt, ohne alle Schriftzeichen, frei von allen Ideen; wie werden ihm diese dann zugeführt? Wie gelangt er zu dem gewaltigen Vorrat an Ideen, womit ihn die geschäftige schrankenlose Phantasie des Menschen in nahezu unendlicher Mannigfaltigkeit beschrieben hat? Woher hat er all das *Material* für seine Vernunft und für seine Erkenntnis? Ich antworte darauf mit einem einzigen Worte: aus der *Erfahrung*. Auf sie gründet sich unsere gesamte Erkenntnis, von ihr leitet sie sich schließlich her. Unsere Beobachtung, die entweder auf äußere sinnlich wahrnehmbare Objekte gerichtet ist oder auf innere Operationen des Geistes, die wir wahrnehmen und über die wir nachdenken, liefert unserm Verstand das gesamte *Material* des Denkens. Dies sind die beiden Quellen der Erkenntnis, aus denen alle Ideen entspringen, die wir haben oder naturgemäß haben können.

I. Wenn unsere Sinne mit bestimmten sinnlich wahrnehmbaren Objekten in Berührung treten, so führen sie dem Geist eine Reihe verschiedener Wahrnehmungen von Dingen zu, die der mannigfach verschiedenen Art entsprechen, wie jene Objekte auf die Sinne einwirken. Auf diese Weise kommen wir zu den *Ideen*, die wir von *gelb, weiß, heiß, kalt, weich, hart, bitter, süß* haben, und zu allen denen, die wir sinnlich wahrnehmbare Qualitäten nennen. Wenn ich sage, die Sinne führen sie dem Geist zu, so meine ich damit, sie führen von den Gegenständen der Außenwelt her dem Geist dasjenige zu, was in demselben jene Wahrnehmungen hervorruft. Diese wichtige Quelle der meisten unserer Ideen, die ganz und gar von unseren Sinnen abhängen und durch sie dem Verstand zugeleitet werden, nenne ich *Sensation*.

II. Die andere Quelle, aus der die Erfahrung den Verstand mit Ideen speist, ist die Wahrnehmung der Operationen des eigenen Geistes in uns, der sich mit den ihm zugeführten Ideen beschäftigt. Diese Operationen statten den Verstand, sobald die Seele zum Nachdenken und Betrachten kommt, mit einer anderen Reihe von Ideen aus, die durch Dinge der Außenwelt nicht hätten erlangt werden können. Solche Ideen sind: *wahrnehmen, denken, zweifeln, glauben, schließen, erkennen, wollen* und all die verschiedenen Tätigkeiten unseres eigenen Geistes. Indem wir uns ihrer bewußt werden und sie in uns beobachten, gewinnen wir von ihnen für unseren Verstand ebenso deutliche Ideen wie von Körpern, die auf unsere Sinne einwirken. Diese Quelle von Ideen liegt ausschließlich im Innern des Menschen, und wenn sie auch kein Sinn ist, da sie mit den äußeren Objekten nichts zu tun hat, so ist sie doch etwas sehr Ähnliches und könnte füglich als *innerer Sinn* bezeichnet werden. Während ich im ersten Fall von Sensation rede, so nenne ich diese Quelle *Reflexion*, weil die Ideen, die sie liefert, lediglich solche sind, die der Geist durch eine Beobachtung seiner eigenen inneren Operationen gewinnt. Im weiteren Fortgang dieser Abhandlung bitte ich demnach unter Reflexion die Kenntnis zu verstehen, die der Geist von seinen eigenen Operationen und von ihren Eigenarten nimmt, auf Grund derer Ideen von diesen Operationen in den Verstand gelangen können. Zweierlei Dinge also, nämlich äußere materielle Dinge als die Objekte der *Sensation* und die inneren Operationen unseres Geistes als die Objekte der *Reflexion*, sind für mich die einzigen Ursprünge, von denen alle unsere Ideen ihren Anfang nehmen. Den Ausdruck *Operationen* gebrauche ich hier in einem weiten Sinne, da er nicht nur die aktiven Einwirkungen des Geistes auf seine Ideen bezeichnet, sondern auch bestimmte, bisweilen durch sie herbeigeführte passive Zustände, wie zum Beispiel die aus irgendeinem Gedanken entspringende Zufriedenheit oder Unruhe.

[John Locke: Versuch über den menschlichen Verstand, 2. Buch, 1. Kap.]

3. Gottfried Wilhelm Leibniz: Verteidigung der eingeborenen Ideen

Philal. [...] Was den Ursprung der Ideen betrifft, so glaube ich mit diesem Verfasser und einer Menge gelehrter Leute, daß es davon überhaupt keine eingeborenen gibt, ebensowenig wie eingeborene Prinzipien. *Und um den Irrtum derer zu widerlegen, die solche annehmen, genügt es zu beweisen, wie es sich im folgenden zeigen wird, daß man die-*

se überhaupt nicht braucht und daß die Menschen all ihre Erkenntnisse ohne die Hilfe irgendeines eingeborenen Eindruckes erwerben können.

Theoph. Sie wissen, Philalethes, daß ich seit langem anderer Meinung bin: daß ich stets für die eingeborene Idee Gottes, die Descartes behauptet hat, gewesen bin, wie ich es noch immer bin, und folglich für andere eingeborene Ideen, zu denen wir nicht durch die Sinne gelangen können.

[...] Ich gründe die Gewißheit der eingeborenen Prinzipien nicht auf die universale Übereinstimmung, denn ich habe Ihnen schon gesagt, Philalethes, daß man meiner Meinung nach darauf hinarbeiten muß, alle Axiome, die nicht ursprünglich sind, beweisen zu können. Ich gebe Ihnen auch zu, daß eine sehr allgemeine Übereinstimmung, die aber nicht universal ist, aus einer Überlieferung herkommen kann, die über das ganze Menschengeschlecht verbreitet ist, wie die Gewohnheit des Tabakrauchens beinahe von allen Völkern in weniger als einem Jahrhundert angenommen wurde, wenn man auch einige Inselbewohner gefunden hat, die, da sie nicht einmal das Feuer kannten, sich hüteten zu rauchen.

[...] Man muß jedoch zugeben, daß die Neigung, die wir zur Anerkennung der Gottesidee haben, in der menschlichen Natur liegt. Und selbst wenn man die erste Belehrung darüber auf die Offenbarung zurückführte, so stammt die Leichtigkeit, die die Menschen beim Annehmen dieser Lehre erkennen ließen, stets aus der natürlichen Veranlagung ihrer Seelen. Doch werden wir in der Folge zu dem Urteil gelangen, daß die äußere Lehre hier nur das erweckt, was in uns ist. Ich schließe daraus, daß eine ziemlich allgemeine Übereinstimmung unter den Menschen ein Indiz und nicht ein Beweis für ein eingeborenes Prinzip ist; daß aber der exakte und entscheidende Beweis dieser Prinzipien in dem Nachweis besteht, daß ihre Gewißheit nur aus dem stammt, was in uns liegt. Um noch auf das zu antworten, was Sie gegen die allgemeine Zustimmung einwenden, die den beiden großen spekulativen Prinzipien zuteil wird, welche indes bestmöglich begründet sind, so kann ich Ihnen sagen, daß sie, selbst wenn sie nicht bekannt wären, doch eingeboren wären, da man sie anerkennt, sobald man sie vernommen hat. Aber ich möchte noch hinzufügen, daß im Grunde jedermann sie kennt und daß man z. B. in jedem Augenblick das Prinzip des Widerspruchs gebraucht, ohne es deutlich zu betrachten. Und es gibt keinen Barbaren, der nicht in einer Angelegenheit, die er für wichtig hält, von dem Verhalten eines Lügners verletzt wäre, der sich widerspricht. So wendet man diese Maximen an, ohne sie ausdrücklich ins Auge zu fassen. Dies ist beinahe so, wie man die ausgelassenen Urteile bei den Enthymemen [Syllogismus, bei dem eine Prämisse fehlt] virtuell im Geist hat, wobei man sie nicht nur nach außen beiseite läßt, sondern auch in unserem Denken.

Philal. Das, was Sie von diesen virtuellen Kenntnissen und innerlichen Auslassungen sagen, überrascht mich. *Denn zu sagen, daß es in der Seele eingeprägte Wahrheiten gibt, die sie nicht apperzipiert, das scheint mir ein wirklicher Widerspruch zu sein.*

Theoph. Wenn Sie in diesem Vorurteil befangen sind, so wundere ich mich nicht, daß Sie die eingeborenen Erkenntnisse verwerfen. Aber ich bin erstaunt, wieso Ihnen noch nicht der Gedanke gekommen ist, daß wir eine Unendlichkeit von Erkenntnissen besitzen, die wir nicht immer apperzipieren, selbst dann nicht, wenn wir sie brauchen. Es ist Aufgabe des Gedächtnisses, sie aufzubewahren, und der Erinnerung, sie uns zu repräsentieren, wie sie es oft, aber nicht immer, im Bedarfsfall tut. Dies heißt sehr gut »souvenir« (*subvenire*), denn die Erinnerung erfordert irgendeine Hilfe. Und wir müssen bei dieser Menge unserer Kenntnisse durch etwas veranlaßt werden, eher die eine als die andere zu erneuern, da es unmöglich ist, auf einmal deutlich an all das zu denken, was wir wissen.

Philal. Ich glaube, daß Sie damit recht haben; und diese

zu allgemeine Behauptung, daß wir immer alle Wahrheiten apperzipieren, die in unserer Seele sind, ist mir entschlüpft, ohne daß ich darauf genügend Aufmerksamkeit verwendet hätte. Sie werden aber etwas mehr Mühe haben, auf das zu antworten, was ich Ihnen jetzt darstellen werde. *Wenn man von irgendeinem einzelnen Urteil sagen kann, daß es eingeboren ist, so wird man mit demselben Grund behaupten können, daß alle Urteile, die vernünftig sind und die der Geist jemals als solche wird betrachten können, bereits in der Seele eingeprägt sind.*

Theoph. Ich gebe Ihnen das hinsichtlich der reinen Ideen, die ich den Phantomen der Sinne gegenüberstelle, und hinsichtlich der notwendigen oder Vernunftwahrheiten, die ich den Tatsachenwahrheiten gegenüberstelle, zu. In diesem Sinne muß man sagen, daß die ganze Arithmetik und die ganze Geometrie eingeboren und auf virtuelle Weise in uns ist, so daß man sie dort finden kann, indem man das, was man schon im Geiste hat, aufmerksam betrachtet und ordnet, ohne irgendeine Wahrheit zu benutzen, die man durch die Erfahrung oder durch die Überlieferung anderer gelernt hat; so wie Platon das in einem Dialog dargelegt hat, wo er Sokrates einführt, der ein Kind allein durch Fragen zu schwerverständlichen Wahrheiten führt, ohne es etwas zu lehren. So kann man sich diese Wissenschaften in seinem Studierzimmer und sogar mit verschlossenen Augen erdichten, ohne die Wahrheiten, die man hierzu braucht, durch das Sehen noch selbst durch das Berühren zu lernen; obgleich man zwar die Ideen, um die es sich handelt, nicht betrachten könnte, wenn man niemals etwas gesehen noch berührt hätte.

[Gottfried Wilhelm Leibniz: Neue Abhandlungen über den menschlichen Verstand, Buch I, 1. Kap.]

4. David Hume: Das Induktionsproblem

Von einem Körper mit der gleichen Farbe und Konsistenz wie Brot erwarten wir gleiche Ernährung und Erhaltung. Das ist aber sicherlich ein Schritt oder Fortschritt des Geistes, der nach Erklärung verlangt. Wenn jemand sagt: *Ich habe in allen früheren Fällen solche Sinnesqualitäten mit solchen geheimen Kräften verbunden gefunden;* und wenn er sagt: *Ähnliche Sinnesqualitäten werden stets mit ähnlichen geheimen Kräften verbunden sein*, macht er sich keiner Tautologie schuldig, und die Sätze sind auch in keiner Hinsicht dieselben. Man sagt, der eine Satz sei eine Folgerung aus dem anderen. Aber man wird zugeben müssen, daß diese Folgerung weder intuitiv noch demonstrativ ist. Welcher Art ist sie dann aber? Zu sagen, sie stamme aus der Erfahrung, läßt die Frage offen; denn alle Folgerungen aus der Erfahrung setzen als ihre Grundlage voraus, daß die Zukunft der Vergangenheit ähnlich sei und daß ähnliche Kräfte mit ähnlichen Sinnesqualitäten verbunden sein werden. Gäbe es irgendeine Vermutung, daß der Lauf der Natur sich ändern und die Vergangenheit keine Regel für die Zukunft geben könnte, dann würde alle Erfahrung nutzlos und könnte keine Herleitung oder Schlußfolgerung veranlassen. Es ist daher unmöglich, daß irgendwelche Erfahrungsbeweise diese Ähnlichkeit der Vergangenheit mit der Zukunft erweisen können. Mag der Gang der Dinge bislang auch noch so regelmäßig gewesen sein, so kann das allein – ohne ein neues Argument oder eine neue Folgerung – nicht beweisen, daß es auch in Zukunft so bleiben werde. Vergeblich behauptet man, die Natur der Körper aus früherer Erfahrung erfaßt zu haben. Ihre verborgene Natur und folglich ihre gesamten Wirkungen und ihr Einfluß können sich ohne eine Veränderung ihrer Sinnesqualitäten ändern. Das kommt bisweilen bei einigen Dingen vor. Warum sollte es nicht allemal und mit allen Dingen geschehen? Welche Logik, welches Beweisverfahren sichert uns gegen diese Annahme? Mein Handeln, so sagt man, widerlegt meine Zweifel. Aber dann mißversteht man den Sinn meiner Frage. Als Handelnder bin ich in diesem Punkte völlig zufrieden; als Philosoph jedoch, der einigen Wissensdrang, um nicht zu sagen einige Skepsis, sein eigen nennt, möchte ich gerne den Grund dieser Ableitung herausfinden. Keine Lektüre und keine Untersuchung haben es bisher vermocht, meine Schwierigkeit zu beheben bzw. mir Befriedigung in einer so wichtigen Angelegenheit zu bringen. Kann ich Besseres tun, als die Schwierigkeit der Öffentlichkeit zu unterbreiten – wenn ich vielleicht auch geringe Hoffnung auf eine Lösung habe? Wir werden auf diese Weise wenigstens unserer Unwissenheit gewahr, wenn wir schon unser Wissen nicht vermehren.

[David Hume: Untersuchung über den menschlichen Verstand]

5. David Hume: Skeptische Lösung des Induktionsproblems

Angenommen, ein Mensch mit ausgeprägtesten Denk- und Reflexionsvermögen würde plötzlich in diese Welt gestellt, so würde er freilich sofort eine kontinuierliche Folge von Gegenständen und Ereignissen bemerken, aber er wäre außerstande, irgend etwas anderes festzustellen. Er würde zunächst nicht in der Lage sein, durch irgendeine Verstandestätigkeit zu der Vorstellung von Ursache und Wirkung zu gelangen, da die spezifischen Kräfte, wodurch alle Naturvorgänge ins Werk gesetzt werden, nie den Sinnen erscheinen. Es ist auch unvernünftig, aus der bloßen Tatsache, daß in einem Falle ein Ereignis einem anderen vorhergeht, zu schließen, das eine sei Ursache, das andere Wirkung. Ihre Verbindung kann willkürlich und zufällig sein. Es braucht keinen Grund zu geben, die Existenz des einen aus der Erscheinung des anderen herzuleiten. Kurz gesagt, ein solcher Mensch könnte ohne weitere Erfahrung nie Vermutungen oder Gedanken in bezug auf Tatsachen anstellen oder irgendeiner Sache gewiß sein, die über das seinem Gedächtnis und seinen Sinnen unmittelbar Gegenwärtige hinausliegt.

Nehmen wir weiter an, er hätte mehr Erfahrung gewonnen und so lange in der Welt gelebt, um beobachtet zu haben, daß ihm geläufige Gegenstände oder Ereignisse konstant miteinander verbunden sind. Was ist die Folge dieser Erfahrung? Er leitet unmittelbar die Existenz des einen Gegenstandes aus der Erscheinung des anderen ab. Er hat jedoch – trotz seiner ganzen Erfahrung – keine Vorstellung oder Kenntnis der geheimen Kraft erlangt, durch die der eine Gegenstand den anderen hervorbringt, noch wird er durch irgendeinen Denkvorgang zu einer solchen Folgerung verpflichtet; und dennoch sieht er sich veranlaßt, so zu folgern. Wenn er auch davon überzeugt wäre, daß sein Verstand an dieser Operation unbeteiligt ist, würde er dennoch in denselben Bahnen weiterdenken. Es gibt ein anderes Prinzip, das ihn zu einer solchen Schlußfolgerung bestimmt.

Dieses Prinzip ist Gewohnheit (CUSTOM) oder herkömmliche Lebenspraxis (HABIT). Wo immer die Wiederholung einer bestimmten Handlung oder eines Vorganges das Verlangen hervorruft, dieselbe Handlung oder denselben Vorgang zu erneuern, ohne dazu durch einen Denkakt oder Verstandesvorgang gedrängt zu sein, sagen wir stets, dieses Verlangen sei die Wirkung der *Gewohnheit*. Doch behaupten wir nicht, mit der Anwendung dieses Wortes den letzten Grund solchen Verlangens genannt zu haben. Wir weisen damit lediglich auf ein Prinzip der Menschennatur hin, das allgemein anerkannt wird und in seinen Auswirkungen wohlbekannt ist. Vielleicht können wir unsere Untersuchungen nicht weitertreiben oder uns anmaßen, die Ursache dieser Ursache anzugeben, sondern müssen uns mit ihm als dem obersten von uns bestimmbaren Prinzip aller unserer Erfahrungsschlüsse begnügen. Es stellt uns hinreichend zufrieden, daß wir so weit gehen können, ohne uns über die enge Begrenzung unserer Fähigkeiten, weil sie uns nicht weiterführen, zu beklagen. Sicherlich nähern wir uns hier einem sehr einleuchtenden, wenn nicht wahren Satz, indem wir feststellen, daß wir gemäß einem konstanten Zusammenhang zweier Gegenstände – z. B. Hitze und Feuer, Gewicht und Masse – einzig durch Gewohnheit bestimmt werden, das eine beim Auftreten des anderen zu erwarten. Das scheint die einzige Hypothese zur Erklärung der Schwierigkeit zu sein, weshalb wir aus tausend Fällen etwas ableiten, das wir aus einem einzigen Falle, der sich doch in keiner Weise von ihnen unterscheidet, nicht ableiten können. Die Vernunft ist eines solchen Unterschiedes nicht fähig. Die Schlüsse, die sie aus der Betrachtung eines Kreises zieht, sind die gleichen, die sie auf Grund einer Prüfung aller Kreise der Welt ziehen würde. Aber niemand, der nur einen Körper gesehen hat, wie er sich nach dem Stoß durch einen anderen bewegt, könnte schließen, daß sich jeder andere Körper, nach ähnlichem Stoß, bewegen wird. Alle Erfahrungsschlüsse sind somit Folgen der Gewohnheit, nicht der Vernunft.

[David Hume: Untersuchung über den menschlichen Verstand]

6. Immanuel Kant: Der Begriff der Ursache

Um einen Versuch an Humes problematischem Begriff (dieser seiner crux metaphysicorum), nämlich dem Begriffe der Ursache, zu machen, so ist mir erstlich vermittelst der Logik die Form eines bedingten Urteils überhaupt, nämlich, ein gegebenes Erkenntnis als Grund, und das andere als Folge zu gebrauchen, a priori gegeben. Es ist aber möglich, daß in der Wahrnehmung eine Regel des Verhältnisses angetroffen wird, die da sagt: daß auf eine gewisse Erscheinung eine andere, (obgleich nicht umgekehrt) beständig folgt, und dieses ist ein Fall, mich des hypothetischen Urteils zu bedienen, und z.B. zu sagen, wenn ein Körper lange genug von der Sonne beschienen ist, so wird er warm. Hier ist nun freilich noch nicht eine Notwendigkeit der Verknüpfung, mithin der Begriff der Ursache. Allein ich fahre fort, und sage: wenn obiger Satz, der bloß eine subjektive Verknüpfung der Wahrnehmungen ist, ein Erfahrungssatz sein soll, so muß er als notwendig und allgemeingültig angesehen werden. Ein solcher Satz aber würde sein: Sonne ist durch ihr Licht die Ursache der Wärme. Die obige empirische Regel wird nunmehr als Gesetz angesehen, und zwar nicht als geltend bloß von Erscheinungen, sondern von ihnen zum Behuf einer möglichen Erfahrung, welche durchgängig und also notwendig gültige Regeln bedarf. Ich sehe also den Begriff der Ursache, als einen zur bloßen Form der Erfahrung notwendig gehörigen Begriff, und dessen Möglichkeit als einer synthetischen Vereinigung der Wahrnehmungen in einem Bewußtsein überhaupt, sehr wohl ein; die Möglichkeit eines Dinges überhaupt aber, als einer Ursache, sehe ich gar nicht ein, und zwar darum, weil der Begriff der Ursache ganz und gar keine den Dingen, sondern nur der Erfahrung anhängende Bedingung andeutet, nämlich, daß diese nur eine objektiv-gültige Erkenntnis von Erscheinungen und ihrer Zeitfolge sein könne, sofern die vorhergehende mit der nachfolgenden nach der Regel hypothetischer Urteile verbunden werden kann.

Daher haben auch die reine Verstandesbegriffe ganz und gar keine Bedeutung, wenn sie von Gegenständen der Erfahrung abgehen und auf Dinge an sich selbst (noumena) bezogen werden wollen. Sie dienen gleichsam nur, Erscheinungen zu buchstabieren, um sie als Erfahrung lesen zu können; die Grundsätze, die aus der Beziehung derselben auf die Sinnenwelt entspringen, dienen nur unserm Verstande zum Erfahrungsgebrauch; weiter hinaus sind es willkürliche Verbindungen, ohne objektive Realität, deren Möglichkeit man weder a priori erkennen, noch ihre Beziehung auf Gegenstände durch irgend ein Beispiel bestätigen, oder nur verständlich machen kann, weil alle Beispiele nur aus irgend einer möglichen Erfahrung entlehnt, mithin auch die Gegenstände jener Begriffe nirgend anders, als in einer möglichen Erfahrung angetroffen werden können.

Diese vollständige, obzwar wider die Vermutung des Urhebers ausfallende Auflösung des Humischen Problems rettet also den reinen Verstandesbegriffen ihren Ursprung a priori, und den allgemeinen Naturgesetzen ihre Gültigkeit, als Gesetzen des Verstandes, doch so, daß sie ihren Gebrauch nur auf Erfahrung einschränkt, darum, weil ihre Möglichkeit bloß in der Beziehung des Verstandes auf Erfahrung ihren Grund hat: nicht aber so, daß sie sich von Erfahrung, sondern daß Erfahrung sich von ihnen ableitet, welche ganz umgekehrte Art der Verknüpfung Hume sich niemals einfallen ließ.

[Immanuel Kant: Prolegomena zu einer jeden zukünftigen Metaphysik, die als Wissenschaft wird auftreten können, § 29–30]

VII. Geist

Wir nehmen bewusst Dinge in der Außenwelt und unsere eigenen Gefühle und Gedanken wahr. Wie ist dies möglich? Der Substanzdualismus vertritt die Position, dass es zwei Substanzen gibt, eine körperliche, ausgedehnte Substanz (*res extensa*) und eine geistige, denkende Substanz (*res cogitans*). Hier wird Substanz als das verstanden, was unabhängig von anderen Dingen (außer vielleicht von Gott) existieren kann. Es ist die geistige Substanz, welche Trägerin von Sinneswahrnehmungen, Gefühlen und Gedanken ist. Für diese Position argumentiert René Descartes in der sechsten Meditation (Text 1). Der Substanzdualismus sieht sich trotz intuitiver Plausibilität schwerwiegender Probleme ausgesetzt. Angenommen, dass die geistige Substanz keine Ausdehnung hat, wo befindet sie sich dann? Und wie kann sie auf den Körper wirken und umgekehrt dieser auf die geistige Substanz? Eine Möglichkeit, diese Probleme zu umgehen, besteht darin, zu verneinen, dass die beiden Substanzen aufeinander wirken. Die Abstimmung von Geist und Körper erklärt Leibniz als eine von Gott so eingerichtete Planung, die prästabilierte Harmonie, und veranschaulicht den Gedanken an einem Gleichnis mit zwei Uhren (Text 2). Der Rationalist Baruch de Spinoza (1632–1677) argumentiert in seiner *Ethik* (*Ethica ordine geometrico demonstrata*, 1677) dafür, dass es nicht zwei Substanzen, sondern zwei grundsätzlich verschiedene Attribute gibt, die sich auf ein und dieselbe eine Substanz beziehen (Text 3). Diese spezielle Form des Substanzmonismus kann man »Eigenschaftsdualismus« nennen. Der Eigenschaftsdualismus entgeht dem Problem, das von Leibniz in dem in der *Monadologie* (1714) formulierten Mühlengleichnis veranschaulicht wird, nämlich dass allein aufgrund der Beobachtung von Materie nicht erklärt werden kann, was eine Sinneswahrnehmung ist (Text 4). Diesem Problem entgeht auch die Position des idealistischen Monismus (s. Kap. V, Text 3), nicht aber die Position des materialistischen Monismus, d. h. die Position, dass es nur die körperliche, materielle Substanz gibt.

1. René Descartes: Dualismus von Geist und Körper

Erstens weiß ich, daß alles, was ich klar und deutlich einsehe, von Gott so geschaffen sein könnte, wie es sich mir darstellt; wenn ich daher ein Ding klar und deutlich ohne ein anderes zu erkennen vermag, so genügt dies, um mich zu vergewissern, daß die beiden wirklich verschieden sind, da sie wenigstens jedes für sich von Gott gesetzt werden können. Es kommt nicht darauf an, wodurch die Unterscheidung möglich wird. Ich weiß von meiner Existenz und schreibe gar nichts anderes meiner Natur oder meinem Wesen zu, als daß ich ein denkendes Ding sei; daraus schließe ich mit Recht, daß mein Wesen allein darin besteht, ein denkendes Ding zu sein.

Zwar habe ich vielleicht (bald werde ich sagen können: gewiß) einen Körper, mit dem ich aufs innigste verbunden bin. Denn einerseits habe ich doch eine klare und deutliche Vorstellung meiner selbst, sofern ich lediglich denkendes, nicht ausgedehntes Ding bin; anderseits habe ich eine deutliche Vorstellung vom Körper, sofern er lediglich ausgedehntes, nicht denkendes Ding ist. Somit ist sicher, daß ich wirklich vom Körper verschieden bin und ohne ihn existieren kann.

Zweitens finde ich in mir gewisse Vermögen von eigentümlicher Denkweise: das Einbildungs- und das Empfindungsvermögen. Ich kann mich vollständig auch ohne diese klar und deutlich erkennen, nicht aber umgekehrt jene ohne mich, d. h. ohne die denkende Substanz, der sie inhärieren. In ihrem substantiellen Begriff schließen sie nämlich eine geringe Erkenntnistätigkeit in sich. Daraus ersehe ich, daß sie sich zu mir verhalten wie die Zustandsweisen zum Ding.

[...] Nun sagt mir diese [meine eigene] Natur aber aufs ausdrücklichste, daß ich einen Körper habe, dessen Wohlbefinden gestört ist, wenn ich Schmerz empfinde; der der Speise oder des Trankes bedarf, wenn ich Hunger oder Durst empfinde, und dergleichen. Ich muß also annehmen, es sei etwas Wahres daran.

Weiter lehrt mich die Natur durch die Empfindungen des Schmerzes, des Hungers, Durstes usw., ich sei meinem Leibe nicht nur zugesellt wie ein Schiffer dem Schiff, sondern ich sei aufs innigste mit ihm vereint, durchdringe ihn gleichsam und bilde mit ihm ein einheitliches Ganzes. Wie könnte sonst Ich, ein lediglich denkendes Ding, bei einer Verletzung des Körpers Schmerz empfinden? Ich würde jene Verletzung rein geistig wahrnehmen, wie das Auge des Schiffers es wahrnimmt, wenn am Schiff etwas zerbricht; und wenn mein Körper Speise oder Trank braucht, so würde ich dies ausdrücklich erkennen und hätte nicht das verworrene Hunger- oder Durstgefühl. Denn jene Gefühle von Hunger, Durst, Schmerz usw. sind sicherlich nur verworrene Bewußtseinszustände von besonderer Art, die aus der Vereinigung und gleichsam Verquickung der Seele mit dem Körper hervorgehen.

[René Descartes: Meditationen über die erste Philosophie, 6. Meditation]

2. Gottfried Wilhelm Leibniz: Das Uhrengleichnis

Man denke sich zwei Uhren, die miteinander vollkommen übereinstimmen. Das kann nun auf *drei Weisen* geschehen: denn erstens kann es auf einem wechselseitigen Einfluß beruhen, den sie aufeinander ausüben, zweitens darauf, daß beständig jemand auf sie achtgibt, drittens aber auf ihrer eignen Genauigkeit. *Die erste Weise*, d. h. die des Einflusses, hat Herr Huygens zu seiner großen Verwunderung kennengelernt. Er hatte nämlich zwei große Pendeluhren an ein und demselben Stück Holz befestigt; die unaufhörlichen Schläge dieser beiden Uhren hatten nun den Holzteilchen ähnliche Schwingungen mitgeteilt; da jedoch diese verschiedenartigen Schwingungen nicht so recht in ihrer Ordnung und ohne wechselseitige Hemmung fortbestehen konnten, wofern die Uhren sich nicht einander anpaßten, so kam es durch eine Art Wunder dahin, daß, wenn man selbst ihre Schläge mit Willen störte, sie doch bald wieder von neuem zusammenschlugen, ungefähr wie zwei Saiten, die auf denselben Ton gestimmt sind.

Die zweite Art, zwei, wenngleich schlechte Uhren miteinander in Übereinstimmung zu bringen, wird die sein, stets einen tüchtigen Handwerker anzustellen, der sie alle Augenblicke in Übereinstimmung setzt. Dies nenne ich den Weg des *äußeren Beistandes* (assistance).

Die dritte Art schließlich wird die sein, die beiden Uhren von Anfang an mit so großer Kunst und Geschicklichkeit anzufertigen, daß man in der Folge ihrer Übereinstimmung sicher sein kann. Dies ist nun der Weg der *prästabilierten Harmonie*.

Man setze nunmehr die Seele und den Körper an Stelle dieser beiden Uhren. Ihre Übereinstimmung oder ihr Einklang wird dann auch in einer dieser drei Weisen stattfinden müssen. *Der Weg des physischen Einflusses* ist der, den die gewöhnliche Philosophie einschlägt; da es indessen unbegreiflich ist, wie materielle Teilchen oder immaterielle »Spezies« oder Qualitäten von einer der beiden Substanzen in die andre übergehen sollten, so sieht man sich genötigt, diese Ansicht aufzugeben. *Der Weg des äußeren Beistandes* kommt im System der Gelegenheitsursachen zum Ausdruck; es heißt dies jedoch, meine ich, einen *Deus ex machina* bei einer natürlichen und gewöhnlichen Sache einführen, bei der Gott doch, gemäß den Prinzipien der Vernunft, nicht anders eingreifen darf als in der Art, in der er bei allen andren Naturereignissen mitwirkt. Es bleibt demnach nur meine Hypothese übrig, d. h. *der Weg der prästabilierten Harmonie*, der darauf hinausläuft, daß durch göttliche, vorausschauende Kunst von Anfang der Schöpfung an beide Substanzen in so vollkommener und geregelter Weise und mit so großer Genauigkeit gebildet worden sind, daß sie, indem sie nur ihren eignen, in ihrem Wesen liegenden Gesetzen folgen, doch wechselseitig miteinander in Einklang stehen: genau so als ob zwischen ihnen ein gegenseitiger Einfluß bestände, oder als ob Gott stets noch neben seiner allgemeinen Mitwirkung im einzelnen Hand anlegte.

[Gottfried Wilhelm Leibniz: Zur prästabilierten Harmonie]

3. Baruch de Spinoza: Monismus der Substanz, Dualismus der Attribute

Die Ordnung und Verknüpfung der Ideen ist dieselbe wie die Ordnung und Verknüpfung der Dinge.

Hier müssen wir, ehe wir weitergehen, uns ins Gedächtnis zurückrufen, was oben gezeigt wurde, nämlich daß alles, was vom unendlichen Verstand als das Wesen der Substanz ausmachend erfaßt werden kann, nur zu einer Substanz gehört und daß folglich die denkende Substanz und die ausgedehnte Substanz ein und dieselbe Substanz ist, die bald unter diesem, bald unter jenem Attribut aufgefaßt wird. So ist auch der Modus der Ausdehnung und die Idee dieses Modus ein und dasselbe, aber auf zweierlei Art ausgedrückt. Dies scheinen einige Hebräer dunkel eingesehen zu haben, wenn sie behaupten, Gott, der Verstand Gottes und die von ihm erkannten Dinge seien ein und dasselbe. Ein in der Natur existierender Kreis und die Idee eines existierenden Kreises ist z. B. ein und dasselbe Ding, das durch verschiedene Attribute ausgedrückt wird. Mögen wir daher die Natur unter dem Attribut der Ausdehnung oder unter dem Attribut des Denkens oder unter irgendeinem anderen begreifen, immer werden wir ein und dieselbe Ordnung oder ein und dieselbe Verknüpfung der Ursachen, d. h. dieselben Dinge eins aus dem anderen folgend vorfinden. Aus keinem anderen Grunde habe ich gesagt, daß Gott die Ursache der Idee z. B. des Kreises ist, nur insofern er ein denkendes Ding ist, und des Kreises selbst, nur insofern er ein ausgedehntes Ding ist, als deswegen, weil das formale Sein der Idee des Kreises nur durch einen anderen Modus des Denkens als dessen nächste Ursache und diese wieder durch einen anderen und so fort ins Unendliche begriffen werden kann; so daß wir, solange die Dinge als Modi des Denkens betrachtet werden, die Ordnung der ganzen Natur oder die Verknüpfung der Ursachen durch die Attribute des Denkens allein erklären müssen, und insofern sie als Modi der Ausdehnung betrachtet werden, auch die Ordnung der ganzen Natur durch das bloße Attribut der Ausdehnung erklärt werden muß; und so verstehe ich es auch bei anderen Attributen. Daher ist Gott in Wahrheit die Ursache der Dinge, wie sie an sich sind, insofern er aus unendlichen Attributen besteht. Deutlicher kann ich das gegenwärtig nicht erläutern.

[Baruch de Spinoza: Ethik, 2. Teil, Lehrsatz 7 und Anmerkung]

4. Gottfried Wilhelm Leibniz: Das Mühlengleichnis

Man muß übrigens notwendig zugestehen, daß die Perzeption und das, was von ihr abhängt, aus mechanischen Gründen, d.h. aus Figuren und Bewegungen, nicht erklärbar ist. Denkt man sich etwa eine Maschine, die so beschaffen wäre, daß sie denken, empfinden und perzipieren könnte, so kann man sie sich derart proportional vergrößert vorstellen, daß man in sie wie in eine Mühle eintreten könnte. Dies vorausgesetzt, wird man bei der Besichtigung ihres Inneren nichts weiter als einzelne Teile finden, die einander stoßen, niemals aber etwas, woraus eine Perzeption zu erklären wäre. Also muß man diese in der einfachen Substanz suchen und nicht im Zusammengesetzten oder in der Maschine. Auch läßt sich in der einfachen Substanz nichts finden als eben dieses: Perzeptionen und ihre Veränderungen. In diesen allein können die inneren Tätigkeiten der einfachen Substanzen bestehen.

[Gottfried Wilhelm Leibniz: Monadologie, § 17]

VIII. Gerechtigkeit

Wann ist eine Gesellschaft gerecht? Wie kommt es überhaupt zu einem Zusammenschluss in einem Staat? Und was rechtfertigt diesen Zusammenschluss? Zur Beantwortung dieser Fragen führte der englische Philosoph Thomas Hobbes (1588–1679) in seinem Hauptwerk *Leviathan* (1651) das Konzept des Naturzustandes ein, jenes Zustandes vor jeglichem gesellschaftlichem Zusammenschluss. Aufgrund der eigennützigen Natur des Menschen müsse dieser Zustand notwendigerweise einer des Krieges sein (Text 1). Der Mensch ist bereit, diesem Zustand durch einen Zusammenschluss zu entkommen, sofern der Zusammenschluss Sicherheit garantiert; dies kann laut Hobbes nur ein Staat gewährleisten, der mit absoluter Macht ausgestattet ist, so dass Hobbes ihn nach dem biblischen Ungeheuer Leviathan benennt (Text 2). Sicherheit kann jedoch auch und mit geringerer Missbrauchsgefahr durch einen Staat gewährleistet werden, indem die Gewalten getrennt sind, wie John Locke in seinen um 1680 erschienenen *Zwei Abhandlungen über die Regierung* erläutert (Text 3). Locke ist der Ansicht, dass im Naturzustand gewisse Naturrechte gelten, deren Befolgung zu sichern die Aufgabe des Staates ist (Text 4). Im Unterschied zu Hobbes hat der Genfer Philosoph Jean-Jacques Rousseau ein weniger egoistisches Menschenbild. Nach ihm schließen sich die Menschen deshalb zu einem Staat zusammen, weil sie alleine in der Natur nicht überleben können. Dieser Zusammenschluss, den Rousseau »Gesellschaftsvertrag« nennt, ist dann gerecht, wenn ein jeder seine Rechte vollständig an den Staat abgibt und zugleich keines seiner Rechte verliert (Text 5). Von

Rousseau beeinflusst schrieb Olympe de Gouges die *Erklärung der Rechte der Frau und Bürgerin* (1791). Im 20. Jahrhundert wird die Thematik vom gerechten Staat, der durch einen Vertrag im Naturzustand begründet wird, vom amerikanischen Philosophen John Rawls wiederaufgenommen und zu einer Theorie der Gerechtigkeit ausgebaut. Fragen der Gerechtigkeit stellen sich auch im Zusammenhang von Glück (Kap. II), Ethik (Kap. IX) und angewandter Ethik (Kap. XIV).

1. Thomas Hobbes: Der Naturzustand

Die Natur hat die Menschen sowohl hinsichtlich der Körperkräfte wie der Geistesfähigkeiten untereinander gleichmäßig begabt; und wenngleich einige mehr Kraft oder Verstand als andere besitzen, so ist der hieraus entstehende Unterschied im ganzen betrachtet dennoch nicht so groß, daß der eine sich diesen oder jenen Vorteil versprechen könnte, welchen der andere nicht auch zu erhoffen berechtigt sei. Bezüglich der körperlichen Kraft wird man gewiß selten einen so schwachen Menschen finden, der nicht durch List oder in Verbindung mit andern, die mit ihm in gleicher Gefahr sind, auch den stärksten töten könnte. Eine noch größere Gleichheit findet sich aber bei den Geistesfähigkeiten, wovon jedoch die auszunehmen sind, welche im künstlichen Gebrauch der Sprache und in allgemeinen Wissenschaften bestehen, also nicht uns angeboren noch durch Nachdenken und Anstrengung uns zu eigen wurden (diese werden nur wenigen Menschen, und zwar in wenigen Fächern zuteil). Alles Nachdenken gründet sich auf Erfahrung und wird von Natur einem jeden zur selben Zeit bei denselben und gleich aufmerksam betrachteten Gegenständen auch gleichmäßig mitgeteilt. Nur daß einige eine ungebührlich hohe Meinung von sich haben, scheint diese Gleichheit zweifelhaft zu machen; denn beinahe jeder dünkt sich viel weiser als alle übrigen, die wenigen ausgenommen, welche diese Gleichheit entweder wegen des allgemeinen Rufes oder wegen der Übereinstimmung ihrer Meinungen mit den ihrigen hochschätzen. Wenn auch der Mensch geneigt ist, einem andern in der Beredsamkeit oder Gelehrsamkeit den Vorzug vor sich selbst zuzugestehen, so wird er doch nicht einräumen wollen, daß jemand klüger sei als er. Jeder sieht seinen eigenen Verstand gleichsam aus der Nähe, den eines andern aber aus der Ferne an. Übrigens gibt die Zufriedenheit eines jeden mit seinem Verstande für die gleichmäßige Verteilung der Verstandeskräfte den besten Beweis.

Hierauf gründet sich nun auch die Hoffnung, die ein jeder zur Befriedigung seiner Wünsche hegt. Sooft daher zwei ein und dasselbe wünschen, dessen sie aber beide nicht zugleich teilhaftig werden können, so wird einer des andern Feind, und um das gesetzte Ziel, welches mit der Selbsterhaltung immer verbunden ist, zu erreichen, werden beide danach trachten, sich den andern entweder unterwürfig zu machen oder ihn zu töten. Sooft daher jemand ein etwas einträglicheres Stück Land besitzt, es besät, bepflanzt und bebaut hat und sein Nachbar Lust bekommt, ihn anzugreifen, weil er nur den Widerstand dieses einen und sonst nichts zu fürchten hat, so muß er nur die freiwillige Beihilfe anderer abwarten, um jenem nicht bloß die ganze Frucht seiner Arbeit, sondern auch Leben und Freiheit zu rauben: indes werden sie, sobald Stärkere über sie kommen, ein Gleiches erleiden müssen.

Bei dieser großen Furcht, welche die Menschen allgemein gegeneinander hegen, können sie sich nicht besser sichern, als dadurch, daß einer dem andern zuvorkommt oder so lange fortfährt, durch List und Gewalt sich alle anderen zu unterwerfen, als noch andere da sind, vor denen er sich zu fürchten hat. Dies ist aber nicht mehr, als was durch die Selbsterhaltung nötig und von jedermann zugegeben wird. Wenn diejenigen, welche mit mäßigem Besitz zufrieden sind, nur sich und das ihrige zu verteidigen, nicht aber ihre Macht dadurch zu vermehren suchten, daß sie andere selbst angreifen, so würden sie nicht lange bestehen können, weil es Menschen gibt, die sich entweder aus Machtgefühl oder aus Ruhmsucht die ganze Erde gern untertan machen möchten. Deshalb muß jedem auch die gewaltsame Vermehrung seiner Besitzungen um der nötigen Selbsterhaltung willen zugestanden werden.

Wäre folglich keine Macht da, welche allen das Gleichgewicht halten könnte, so wäre das Leben der Menschen nebeneinander natürlich nicht bloß freudlos, sondern vielmehr auch höchst beschwerlich. Ein jeder würde von anderen ebensohoch geschätzt sein wollen, als er sich selbst schätzt, und jeden Beweis einer Geringschätzung nach Möglichkeit, wenn nämlich keine allgemeine Macht da ist, die jeden Totschlag zu hindern vermag, rächen und bei andern durch dieses Beispiel der Rache eine höhere Achtung gegen sich zu erzwingen.

Mitbewerbung, *Verteidigung* und *Ruhm* sind die drei hauptsächlichsten Anlässe, daß die Menschen miteinander uneins werden. Mitbewerbung zielt auf Herrschaft und veranlaßt Streit über Gewinn; Verteidigung hat Sicherheit zur Absicht und streitet für Wohlfahrt; Ruhm strebt nach einem guten Namen und bewirkt oft über geringfügige Dinge Uneinigkeiten wie z. B. über ein Wort, ein Lächeln, eine Äußerung und über jeden Beweis der Geringschätzung entweder unserer selbst oder unserer Freunde und Anverwandten oder unseres Vaterlandes, Gewerbes und Namens.

Hieraus ergibt sich, daß ohne eine einschränkende Macht der Zustand der Menschen ein solcher sei, wie er zuvor beschrieben wurde, nämlich ein Krieg aller gegen alle. Denn der Krieg dauert ja nicht etwa nur so lange wie faktische Feindseligkeiten, sondern so lange, wie der Vorsatz herrscht, Gewalt mit Gewalt zu vertreiben. Beim Kriege kommt es wie beim Wetter allein auf die Dauer an. Sowenig ein heftiger Regen schon nasses Wetter ist, ebensowenig wird irgendein einzelnes Gefecht ein Krieg genannt werden können. Die Zeit aber, in der kein Krieg herrscht, heißt *Frieden*.

Was mit dem Kriege aller gegen alle verbunden ist, das findet sich auch bei den Menschen, die ihre Sicherheit einzig auf ihren Verstand und auf ihre körperlichen Kräfte gründen müssen. Da findet sich kein Fleiß, weil kein Vorteil davon zu erwarten ist; es gibt keinen Ackerbau, keine Schiffahrt, keine bequemen Wohnungen, keine Werkzeuge höherer Art, keine Länderkenntnis, keine Zeitrechnung, keine Künste, keine gesellschaftlichen Verbindungen; statt dessen ein tausendfaches Elend; Furcht, gemordet zu werden, stündliche Gefahr, ein einsames, kümmerliches, rohes und kurz dauerndes Leben.

Wer hierüber noch niemals nachgedacht hat, dem muß allerdings auffallen, daß die Natur die Menschen so ungesellig gemacht und sogar einen zu des andern Mörder bestimmt habe: und doch ergibt sich dies offenbar aus der Beschaffenheit ihrer Leidenschaften und wird durch die Erfahrung bekräftigt. Man denke nur, warum mühen wir uns um Begleiter? Warum versehen wir uns mit Waffen, wenn wir eine Reise antreten? Warum verschließen wir Türen und Schränke, sobald wir uns schlafen legen? Wozu sind Gesetze und Männer, die jede Gewaltsamkeit zu rächen befugt sind? Was hegen wir also für Gedanken von unsern Mitbürgern, Nachbarn und Hausgenossen? Klagst du durch solche Vorsichtsmaßregeln das Menschengeschlecht nicht ebensohart an wie ich? Die Natur selbst ist hier nicht schuld. Die Leidenschaften der Menschen sind ebensowenig wie die daraus entstehenden Handlungen Sünde, solange keine Macht da ist, welche sie hindert; solange ein Gesetz noch nicht gegeben ward, ist es auch nicht vorhanden, und solange der Gesetzgeber nicht einmütig ernannt wurde, kann auch kein Gesetz gegeben werden. Doch wozu noch mehr Beweise für verständige Menschen in einer Sache, wofür sogar die Hunde ein Gefühl zu haben scheinen; wer kommt, den bellen sie an, bei Tage jeden Unbekannten, des Nachts aber jeden.

Aber, möchte jemand sagen, es hat niemals einen Krieg aller gegen alle gegeben! Wie, hat nicht Kain seinen Bruder aus Neid ermordet? Würde er das wohl gewagt haben, wenn schon damals eine allgemein anerkannte Macht, die eine solche Greueltat hätte rächen können, dagewesen wäre? Wird nicht selbst zu unseren Zeiten noch an vielen Orten ein solches Leben geführt? Die Amerikaner leben zum Teil so, bloß, daß sie sich in kleinen Familien gewissen väterlichen Gesetzen unterworfen haben, und die Eintracht dieser Familien dauert nur so lange, als sie von gleichen Absichten beseelt werden. Aus jedem Bürgerkriege erhellt, wie das menschliche Leben ohne einen allgemeinen Oberherrn beschaffen wäre.

Gab es auch gleich niemals eine Zeit, in der ein jeder eines jeden Feind war, so leben doch die Könige und die, welche die höchste Gewalt haben, miteinander in ständiger Feindschaft. Sie haben sich wechselseitig in stetem Verdacht; wie Fechter stehen sie gegeneinander, beobachten sich genau und halten ihre Waffen in Bereitschaft, ihre Festungen und Kriegsheere an den Grenzen und ihre geheimen Kundschafter im Feindeslande. Ist das nicht wirklicher Krieg? – Freilich wird hierbei nicht all das Elend wahrgenommen, welches die allgemeine Freiheit einzelner Menschen mit sich brächte; dennoch konnte auf keine andere Art für das Wohl der Untertanen gesorgt werden.

Bei dem Kriege aller gegen alle kann auch nichts ungerecht genannt werden. In einem solchen Zustande haben selbst die Namen gerecht und ungerecht keinen Platz. Im Kriege sind Gewalt und List Haupttugenden; und weder

Gerechtigkeit noch Ungerechtigkeit sind notwendige Eigenschaften des Menschen; weil, wenn es nämlich so wäre, sie auch bei demjenigen angetroffen werden müßten, der einsam und allein auf der Welt lebt. Sie sind Eigenschaften des Menschen, aber nicht sofern er Mensch überhaupt, sondern sofern er Bürger ist. Ebendaraus ergibt sich ferner, daß es in einem solchen Zustande keinen Besitz, kein Eigentum, kein Mein und Dein gibt, sondern was jemand erworben hat, gehört ihm, solange er es sich zu sichern imstande ist. Genug von dem bloßen Naturzustande des Menschen, aus dem er nur durch Vernunft und gewissermaßen auch durch seine Leidenschaften gerettet werden konnte.

Die Leidenschaften, die die Menschen zum Frieden unter sich geneigt machen können, sind die Furcht überhaupt und insbesondere die Furcht vor einem gewaltsamen Tod; ferner das Verlangen nach den zu einem glücklichen Leben erforderlichen Dingen und endlich die Hoffnung, sich diese durch Anstrengung wirklich zu verschaffen.

[Thomas Hobbes: Leviathan, 1. Teil, 13. Kap.]

2. Thomas Hobbes: Der Staat als Leviathan

Um aber eine allgemeine Macht zu gründen, unter deren Schutz gegen auswärtige und innere Feinde die Menschen bei dem ruhigen Genuß der Früchte ihres Fleißes und der Erde ihren Unterhalt finden können, ist der einzig mögliche Weg folgender: jeder muß alle seine Macht oder Kraft einem oder mehreren Menschen übertragen, wodurch der Willen aller gleichsam auf einen Punkt vereinigt wird, so daß dieser eine Mensch oder diese eine Gesellschaft eines jeden einzelnen Stellvertreter werde und ein jeder die Handlungen jener so betrachte, als habe er sie selbst getan, weil sie sich dem Willen und Urteil jener freiwillig unterworfen haben. Dies faßt aber noch etwas mehr in sich als Übereinstimmung und Eintracht; denn es ist eine wahre Vereinigung in einer Person und beruht auf dem Vertrage eines jeden mit einem jeden, wie wenn ein jeder zu einem jeden sagte: *»Ich übergebe mein Recht, mich selbst zu beherrschen, diesem Menschen oder dieser Gesellschaft unter der Bedingung, daß du ebenfalls dein Recht über dich ihm oder ihr abtrittst.«* Auf diese Weise werden alle einzelnen eine Person und heißen *Staat* oder *Gemeinwesen.* So entsteht der *große Leviathan* oder, wenn man lieber will, der *sterbliche Gott*, dem wir unter dem ewigen Gott allein Frieden und Schutz zu verdanken haben. Dieses von allen und jedem übertragene Recht bringt eine so große Macht und Gewalt hervor, daß durch sie die Gemüter aller zum Frieden unter sich gern geneigt gemacht und zur Verbindung gegen auswärtige Feinde leicht bewogen werden. Dies macht das Wesen eines Staates aus, dessen Definition folgende ist:

Staat ist eine Person, deren Handlungen eine große Menge Menschenkraft der gegenseitigen Verträge eines jeden mit einem jeden als ihre eigenen ansehen, auf daß diese nach ihrem Gutdünken die Macht aller zum Frieden und zur gemeinschaftlichen Verteidigung anwende.

Von dem Stellvertreter des Staates sagt man, *er besitzt die höchste Gewalt.* Die übrigen alle heißen *Untertanen* und *Bürger.* Zu dieser höchsten Gewalt gelangt man auf zweierlei Wegen. Einmal: wenn ein Vater seine Söhne zum Gehorsam zwingt, denn er kann ihnen durch Verweigerung des Unterhalts das Leben nehmen; oder auch, wenn man überwundenen Feinden unter der Bedingung das Leben schenkt, daß sie sich unterwerfen. Zum anderen, wenn mehrere die höchste Gewalt einem Menschen oder einer Gesellschaft in der Hoffnung, geschützt zu werden, freiwillig übertragen.

[Thomas Hobbes: Leviathan, 2. Teil, 17. Kap.]

3. John Locke: Legislative und Exekutive

Die legislative Gewalt ist jene, die das Recht hat zu bestimmen, wie die Macht des Staates zur Erhaltung der Gemeinschaft und ihrer Glieder gebraucht werden soll. Da aber jene Gesetze, die laufend vollzogen und die immer in Kraft bleiben sollen, während kurzer Zeit geschaffen werden können, muß sich die Legislative nicht notwendig immer im Amt befinden, weil sie nicht ständig beschäftigt ist. Bei der Schwäche der menschlichen Natur, die stets bereit ist, nach der Macht zu greifen, dürfte es jedoch eine zu große Versuchung darstellen, wenn dieselben Personen, die die Macht haben, Gesetze zu geben, auch die Macht in der Hand hätten, sie zu vollstrecken, wobei sie sich selbst von dem Gehorsam gegen die Gesetze, die sie erlassen, ausschließen und das Gesetz in seiner Gestaltung wie auch in der Vollstreckung auf ihren eigenen persönlichen Vorteil ausrichten könnten und damit schließlich von den übrigen Gliedern der Gemeinschaft gesonderte Interessen verfolgten, die dem Ziel von Gesellschaft und Regierung zuwiderlaufen. In wohlgeordneten Staatswesen, in denen nach Gebühr das Wohl des Ganzen berücksichtigt wird, wird deshalb die legislative Gewalt in die Hände mehrerer Personen gelegt, welche nach ordnungsgemäßer Versammlung selbst oder mit anderen gemeinsam die Macht haben, Gesetze zu geben, sobald dies aber geschehen ist, wieder auseinandergehen und selbst jenen Gesetzen unterworfen sind, die sie geschaffen haben. Dies ist eine neue und starke Verpflichtung für sie, dafür Sorge zu tragen, daß sie die Gesetze zum öffentlichen Wohle erlassen.

Weil aber die Gesetze, die auf einmal und während kurzer Zeit geschaffen worden sind, von beständiger und dauernder Gültigkeit sind und fortwährend vollstreckt oder befolgt werden sollen, ist es notwendig, daß es eine dauernd im Amte befindliche Gewalt gibt, die darauf zu achten hat, daß die erlassenen und in Kraft bleibenden Gesetze vollzogen werden. So geschieht es, daß die legislative und die exekutive Gewalt oftmals getrennt sind.

[John Locke: Über die Regierung, XII, 143–144]

4. John Locke: Die natürliche Freiheit

Um politische Gewalt richtig zu verstehen und sie von ihrem Ursprung herzuleiten, müssen wir sehen, in welchem Zustand sich die Menschen von Natur aus befinden. Es ist ein Zustand vollkommener Freiheit, innerhalb der Grenzen des Naturgesetzes seine Handlungen zu lenken und über seinen Besitz und seine Person zu verfügen, wie es einem am besten scheint – ohne jemandes Erlaubnis einzuholen und ohne von dem Willen eines anderen abhängig zu sein.

Es ist überdies ein Zustand der Gleichheit, in dem alle Macht und Rechtsprechung wechselseitig sind, da niemand mehr besitzt als ein anderer: Ist doch nichts offensichtlicher, als daß Lebewesen von gleicher Art und gleichem Rang, die unterschiedslos zum Genuß derselben Vorteile der Natur und zum Gebrauch der gleichen Fähigkeiten geboren sind, auch gleichgestellt leben sollen, ohne Unterordnung oder Unterwerfung – es sei denn, ihrer aller Herr und Meister würde in einer offensichtlichen Willensäußerung den einen über den anderen setzen und ihm durch eine offenkundige und klare Ernennung ein unzweifelhaftes Recht auf Herrschaft und Souveränität verleihen.

[John Locke: Über die Regierung, II, 4]

5. Jean-Jacques Rousseau: Der Gesellschaftsvertrag

Der Mensch ist frei geboren, und überall liegt er in Ketten. Einer hält sich für den Herrn der anderen und bleibt doch mehr Sklave als sie. Wie ist dieser Wandel zustande gekommen? Ich weiß es nicht. Was kann ihm Rechtmäßigkeit verleihen? Diese Frage glaube ich beantworten zu können.

Wenn ich nur die Stärke betrachtete und die Wirkung, die sie hervorbringt, würde ich sagen: Solange ein Volk zu gehorchen gezwungen ist und gehorcht, tut es gut daran; sobald es das Joch abschütteln kann und es abschüttelt, tut es noch besser; denn da es seine Freiheit durch dasselbe Recht wiedererlangt, das sie ihm geraubt hat, ist es entweder berechtigt, sie sich zurückzuholen, oder man hatte keinerlei Recht, sie ihm wegzunehmen. Aber die gesellschaftliche Ordnung ist ein geheiligtes Recht, das allen anderen zur Grundlage dient. Trotzdem stammt dieses Recht nicht von der Natur; es beruht also auf Vereinbarungen. Es handelt sich darum, die Art dieser Vereinbarungen zu kennen.

[…]

Ich unterstelle, dass die Menschen jenen Punkt erreicht haben, an dem die Hindernisse, die ihrem Fortbestehen im Naturzustand schaden, in ihrem Widerstand den Sieg davontragen über die Kräfte, die jedes Individuum einsetzen kann, um sich in diesem Zustand zu halten. Dann kann dieser ursprüngliche Zustand nicht weiterbestehen, und das Menschengeschlecht würde zugrunde gehen, wenn es die Art seines Daseins nicht änderte.

Da die Menschen nun keine neuen Kräfte hervorbringen, sondern nur die vorhandenen vereinen und lenken können, haben sie kein anderes Mittel, sich zu erhalten, als durch Zusammenschluss eine Summe von Kräften zu bilden, stärker als jener Widerstand, und diese aus einem einzigen Antrieb einzusetzen und gemeinsam wirken zu lassen.

Diese Summe von Kräften kann nur durch das Zusammenwirken mehrerer entstehen: da aber Kraft und Freiheit jedes Menschen die ersten Werkzeuge für seine Erhaltung sind – wie kann er sie verpfänden, ohne sich zu schaden und ohne die Pflichten gegen sich selbst zu vernachlässigen? Diese Schwierigkeit lässt sich, auf meinen Gegenstand angewandt, so ausdrücken: »Finde eine Form des Zusammenschlusses, die mit ihrer ganzen gemeinsamen Kraft die Person und das Vermögen jedes einzelnen Mitglieds verteidigt und schützt und durch die doch jeder, indem er sich mit allen vereinigt, nur sich selbst gehorcht und genauso frei bleibt wie zuvor.« Das ist das grundlegende Problem, dessen Lösung der Gesellschaftsvertrag darstellt.

Die Bestimmungen dieses Vertrages sind durch die Natur des Aktes so vorgegeben, dass die geringste Abänderung sie null und nichtig machen würde; so dass sie, wiewohl sie vielleicht niemals förmlich ausgesprochen wurden, allenthalben die gleichen sind, allenthalben stillschweigend in Kraft und anerkannt; bis dann, wenn der Gesellschaftsvertrag verletzt wird, jeder wieder in seine ursprünglichen Rechte eintritt, seine natürliche Freiheit wiedererlangt und dadurch die auf Vertrag beruhende Freiheit verliert, für die er die seine aufgegeben hatte.

Diese Bestimmungen lassen sich bei richtigem Verständnis sämtlich auf eine einzige zurückführen, nämlich die völlige Entäußerung jedes Mitglieds mit allen seinen Rechten an das Gemeinwesen als Ganzes. Denn erstens ist die Ausgangslage, da jeder sich voll und ganz gibt, für alle die gleiche, und da sie für alle gleich ist, hat keiner ein Interesse daran, sie für die anderen beschwerlich zu machen.

Darüber hinaus ist die Vereinigung, da die Entäußerung ohne Vorbehalt geschah, so vollkommen, wie sie nur sein kann, und kein Mitglied hat mehr etwas zu fordern: denn wenn den Einzelnen einige Rechte blieben, würde jeder – da es keine allen übergeordnete Instanz gäbe, die zwischen ihm und der Öffentlichkeit entscheiden könnte – bald den

Anspruch erheben, weil er in manchen Punkten sein eigener Richter ist, es auch in allen zu sein; der Naturzustand würde fortdauern, und der Zusammenschluss wäre dann notwendig tyrannisch oder inhaltslos.

Schließlich gibt sich jeder, da er sich allen gibt, niemandem, und da kein Mitglied existiert, über das man nicht das gleiche Recht erwirbt, das man ihm über sich einräumt, gewinnt man den Gegenwert für alles, was man aufgibt, und mehr Kraft, um zu bewahren, was man hat.

Wenn man also beim Gesellschaftsvertrag von allem absieht, was nicht zu seinem Wesen gehört, wird man finden, dass er sich auf folgendes beschränkt: *Gemeinsam stellen wir alle, jeder von uns seine Person und seine ganze Kraft unter die oberste Richtschnur des Gemeinwillens; und wir nehmen, als Körper, jedes Glied als untrennbaren Teil des Ganzen auf.*

Dieser Akt des Zusammenschlusses schafft augenblicklich anstelle der Einzelperson jedes Vertragspartners eine sittliche Gesamtkörperschaft, die aus ebenso vielen Gliedern besteht, wie die Versammlung Stimmen hat, und die durch ebendiesen Akt ihre Einheit, ihr gemeinschaftliches Ich, ihr Leben und ihren Willen erhält. Diese öffentliche Person, die so aus dem Zusammenschluss aller zustande kommt, trug früher den Namen Polis, heute trägt sie den der *Republik* oder der staatlichen Körperschaft, die von ihren Gliedern *Staat* genannt wird, wenn sie passiv, *Souverän*, wenn sie aktiv ist, und *Macht* im Vergleich mit ihresgleichen. Was die Mitglieder betrifft, so tragen sie als Gesamtheit den Namen *Volk*, als Einzelne nennen sie sich *Bürger*, sofern sie Teilhaber an der Souveränität, und *Untertanen*, sofern sie den Gesetzen des Staates unterworfen sind. Aber diese Begriffe werden oft vermengt und einer für den anderen genommen; es genügt, sie auseinanderhalten zu können, wenn sie im strengen Sinn gebraucht werden.

[…]

Man sieht aus dieser Formel, dass der Akt des Zusammenschlusses eine gegenseitige Verpflichtung von Öffentlichkeit und Einzelnen enthält und dass jeder Einzelne, indem er sozusagen mit sich selbst einen Vertrag schließt, sich in doppelter Hinsicht verpflichtet findet, nämlich als Glied des Souveräns gegenüber den Einzelnen und als Glied des Staates gegenüber dem Souverän.

[Jean-Jacques Rousseau: Du contrat social / Vom Gesellschaftsvertrag, 1. Buch, 1. Kap. und 6. Kap.]

IX. Ethik

Eine der Grundfragen der Ethik lautet: Was soll ich tun? Die allgemeinen Werte oder Prinzipien, auf die man sich in der Beantwortung dieser Frage stützt, können nicht als von Gott gegeben begründet werden. Denn es stellt sich dann das bereits von Platon formulierte sogenannte Euthyphron-Dilemma: »Wird das Fromme von den Göttern geliebt, weil es fromm ist, oder ist es fromm, weil es geliebt wird?« Wenn ersteres gilt, so ist damit nicht erklärt, was fromm ist, wenn letzteres, so ist damit ebenso wenig geklärt, was fromm ist. Somit muss nach einer anderen Begründung gesucht werden. Immanuel Kant versucht, die allgemeinen Prinzipien der Ethik mit der Vernunft zu begründen. In seiner 1785 erschienenen *Grundlegung zur Metaphysik der Sitten* entwickelt er eine Pflicht-Ethik, deren Herzstück der Kategorische Imperativ ist (Text 1). Entscheidend ist nicht, welche Neigung man verspürt oder welche Konsequenzen eine Handlung hat, sondern einzig und allein, dass man die Handlung aus Pflicht vollzieht. Die wichtigste Gegenposition zur Ethik von Kant ist der von Jeremy Bentham und dessen Schüler John Stuart Mill (1806–1873) entwickelte Utilitarismus. Im Zentrum steht dabei das Nützlichkeitsprinzip, das im Unterschied zum Kategorischen Imperativ auf die Konsequenzen gerichtet ist. Mill begründet das Prinzip nicht mit der Vernunft, sondern mit der Tatsache, das Menschen nach Glück streben (Text 2). Eine Möglichkeit, die Tauglichkeit eines ethischen Prinzips zu prüfen, besteht in dessen Anwendung auf konkrete Fälle (s. Kap. XIV). Anstatt nach einem Handlungsprinzip zu suchen, kann die Aufgabe der

Ethik auch darin bestehen, einen tüchtigen Charakter auszubilden (s. Kap. II).

1. Immanuel Kant: Der kategorische Imperativ

Es ist überall nichts in der Welt, ja überhaupt auch außer derselben zu denken möglich, was ohne Einschränkung für gut könnte gehalten werden, als allein ein GUTER WILLE. Verstand, Witz, Urteilskraft und wie die *Talente* des Geistes sonst heißen mögen, oder Mut, Entschlossenheit, Beharrlichkeit im Vorsatze als Eigenschaften des *Temperaments* sind ohne Zweifel in mancher Absicht gut und wünschenswert; aber sie können auch äußerst böse und schädlich werden, wenn der Wille, der von diesen Naturgaben Gebrauch machen soll und dessen eigentümliche Beschaffenheit darum *Charakter* heißt, nicht gut ist. Mit den *Glücksgaben* ist es ebenso bewandt. Macht, Reichtum, Ehre, selbst Gesundheit und das ganze Wohlbefinden und Zufriedenheit mit seinem Zustande unter dem Namen der *Glückseligkeit* machen Mut und hiedurch öfters auch Übermut, wo nicht ein guter Wille da ist, der den Einfluß derselben aufs Gemüt und hiemit auch das ganze Prinzip zu handeln berichtige und allgemeinzweckmäßig mache; ohne zu erwähnen, daß ein vernünftiger unparteiischer Zuschauer sogar am Anblicke eines ununterbrochenen Wohlergehens eines Wesens, das kein Zug eines reinen und guten Willens ziert, nimmermehr ein Wohlgefallen haben kann, und so der gute Wille die unerläßliche Bedingung selbst der Würdigkeit glücklich zu sein auszumachen scheint.

[...]

Der gute Wille ist nicht durch das, was er bewirkt oder

ausrichtet, nicht durch seine Tauglichkeit zu Erreichung irgend eines vorgesetzten Zweckes, sondern allein durch das Wollen, d.i. an sich gut, und, für sich selbst betrachtet, ohne Vergleich weit höher zu schätzen als alles, was durch ihn zu Gunsten irgend einer Neigung, ja wenn man will, der Summe aller Neigungen, nur immer zustande gebracht werden könnte. Wenngleich durch eine besondere Ungunst des Schicksals, oder durch kärgliche Ausstattung einer stiefmütterlichen Natur es diesem Willen gänzlich an Vermögen fehlte, seine Absicht durchzusetzen; wenn bei seiner größten Bestrebung dennoch nichts von ihm ausgerichtet würde, und nur der gute Wille (freilich nicht etwa als ein bloßer Wunsch, sondern als die Aufbietung aller Mittel, soweit sie in unserer Gewalt sind) übrig bliebe: so würde er wie ein Juwel doch für sich selbst glänzen, als etwas, das seinen vollen Wert in sich selbst hat. Die Nützlichkeit oder Fruchtlosigkeit kann diesem Werte weder etwas zusetzen, noch abnehmen.

[...]

Ich übergehe hier alle Handlungen, die schon als pflichtwidrig erkannt werden, ob sie gleich in dieser oder jener Absicht nützlich sein mögen; denn bei denen ist gar nicht einmal die Frage, ob sie *aus Pflicht* geschehen sein mögen, da sie dieser sogar widerstreiten. Ich setze auch die Handlungen beiseite, die wirklich pflichtmäßig sind, zu denen aber Menschen unmittelbar *keine Neigung* haben, sie aber dennoch ausüben, weil sie durch eine andere Neigung dazu getrieben werden. Denn da läßt sich leicht unterscheiden, ob die pflichtmäßige Handlung *aus Pflicht* oder aus selbstsüchtiger Absicht geschehen sei. Weit schwerer ist dieser Unterschied zu bemerken, wo die Handlung pflichtmäßig ist und das Subjekt noch überdem *unmittelbare* Neigung zu ihr hat. Z.B. es ist allerdings pflichtmäßig, daß der Krämer seinen unerfahrenen Käufer nicht überteure, und, wo viel Verkehr ist, tut dieses auch der kluge Kaufmann nicht, sondern hält einen festgesetzten allgemeinen

Preis für jedermann, so daß ein Kind ebensogut bei ihm kauft, als jeder andere. Man wird also *ehrlich* bedient; allein das ist lange nicht genug, um deswegen zu glauben, der Kaufmann habe aus Pflicht und Grundsätzen der Ehrlichkeit so verfahren; sein Vorteil erforderte es; daß er aber überdem noch eine unmittelbare Neigung zu den Käufern haben sollte, um gleichsam aus Liebe keinem vor dem andern im Preise den Vorzug zu geben, läßt sich hier nicht annehmen. Also war die Handlung weder aus Pflicht, noch aus unmittelbarer Neigung, sondern bloß in eigennütziger Absicht geschehen.

Dagegen sein Leben zu erhalten, ist Pflicht, und überdem hat jedermann dazu noch eine unmittelbare Neigung. Aber um deswillen hat die oft ängstliche Sorgfalt, die der größte Teil der Menschen dafür trägt, doch keinen innern Wert und die Maxime derselben keinen moralischen Gehalt. Sie bewahren ihr Leben zwar *pflichtmäßig*, aber nicht *aus Pflicht*. Dagegen wenn Widerwärtigkeiten und hoffnungsloser Gram den Geschmack am Leben gänzlich weggenommen haben; wenn der Unglückliche, stark an Seele, über sein Schicksal mehr entrüstet als kleinmütig oder niedergeschlagen, den Tod wünscht und sein Leben doch erhält, ohne es zu lieben, nicht aus Neigung oder Furcht, sondern aus Pflicht: alsdann hat seine Maxime einen moralischen Gehalt.

[...]

Was kann das aber wohl für ein Gesetz sein, dessen Vorstellung, auch ohne auf die daraus erwartete Wirkung Rücksicht zu nehmen, den Willen bestimmen muß, damit dieser schlechterdings und ohne Einschränkung gut heißen könne? Da ich den Willen aller Antriebe beraubt habe, die ihm aus der Befolgung irgend eines Gesetzes entspringen könnten, so bleibt nichts als die allgemeine Gesetzmäßigkeit der Handlungen überhaupt übrig, welche allein dem Willen zum Prinzip dienen soll, d.i. ich soll niemals anders verfahren, als so, *daß ich auch wollen könne, meine Maxi-*

me solle ein allgemeines Gesetz werden. Hier ist nun die bloße Gesetzmäßigkeit überhaupt (ohne irgend ein auf gewisse Handlungen bestimmtes Gesetz zum Grunde zu legen) das, was dem Willen zum Prinzip dient und ihm auch dazu dienen muß, wenn Pflicht nicht überall ein leerer Wahn und chimärischer Begriff sein soll; hiemit stimmt die gemeine Menschenvernunft in ihrer praktischen Beurteilung auch vollkommen überein und hat das gedachte Prinzip jederzeit vor Augen.

Die Frage sei z. B.: darf ich, wenn ich im Gedränge [in Bedrängnis] bin, nicht ein Versprechen tun, in der Absicht, es nicht zu halten? Ich mache hier leicht den Unterschied, den die Bedeutung der Frage haben kann, ob es klüglich, oder ob es pflichtmäßig sei, ein falsches Versprechen zu tun. Das erstere kann ohne Zweifel öfters stattfinden. Zwar sehe ich wohl, daß es nicht genug sei, mich vermittelst dieser Ausflucht aus einer gegenwärtigen Verlegenheit zu ziehen, sondern wohl überlegt werden müsse, ob mir aus dieser Lüge nicht hinterher viel größere Ungelegenheit entspringen könne, als die sind, von denen ich mich jetzt befreie, und, da die Folgen bei aller meiner vermeinten *Schlauigkeit* nicht so leicht vorauszusehen sind, daß nicht ein einmal verlorenes Zutrauen mir weit nachteiliger werden könnte als alles Übel, das ich jetzt zu vermeiden gedenke, ob es nicht *klüglicher* gehandelt sei, hierbei nach einer allgemeinen Maxime zu verfahren und es sich zur Gewohnheit zu machen, nichts zu versprechen als in der Absicht, es zu halten. Allein es leuchtet mir hier bald ein, daß eine solche Maxime doch immer nur die besorglichen Folgen zum Grunde habe. Nun ist es doch etwas ganz anderes, aus Pflicht wahrhaft zu sein, als aus Besorgnis der nachteiligen Folgen: indem im ersten Falle der Begriff der Handlung an sich selbst schon ein Gesetz für mich enthält, im zweiten ich mich allererst anderwärtsher umsehen muß, welche Wirkungen für mich wohl damit verbunden sein möchten. Denn wenn ich von dem Prinzip der Pflicht abweiche, so ist es ganz gewiß böse; werde ich aber meiner Maxime der Klugheit abtrünnig, so kann das mir doch manchmal sehr vorteilhaft sein, wiewohl es freilich sicherer ist, bei ihr zu bleiben. Um indessen mich in Ansehung der Beantwortung dieser Aufgabe, ob ein lügenhaftes Versprechen pflichtmäßig sei, auf die allerkürzeste und doch untrügliche Art zu belehren, so frage ich mich selbst: würde ich wohl damit zufrieden sein, daß meine Maxime (mich durch ein unwahres Versprechen aus Verlegenheit zu ziehen) als ein allgemeines Gesetz (sowohl für mich als andere) gelten solle, und würde ich wohl zu mir sagen können: es mag jedermann ein unwahres Versprechen tun, wenn er sich in Verlegenheit befindet, daraus er sich auf andere Art nicht ziehen kann? So werde ich bald inne, daß ich zwar die Lüge, aber ein allgemeines Gesetz zu lügen gar nicht wollen könne; denn nach einem solchen würde es eigentlich gar kein Versprechen geben, weil es vergeblich wäre, meinen Willen in Ansehung meiner künftigen Handlungen andern vorzugeben, die diesem Vorgeben doch nicht glauben, oder, wenn sie es übereilterweise täten, mich doch mit gleicher Münze bezahlen würden, mithin meine Maxime, sobald sie zum allgemeinen Gesetze gemacht würde, sich selbst zerstören müsse.

[...]

Die Vorstellung eines objektiven Prinzips, sofern es für einen Willen nötigend ist, heißt ein Gebot (der Vernunft), und die Formel des Gebots heißt IMPERATIV.

Alle Imperativen werden durch ein *Sollen* ausgedrückt und zeigen dadurch das Verhältnis eines objektiven Gesetzes der Vernunft zu einem Willen an, der seiner subjektiven Beschaffenheit nach dadurch nicht notwendig bestimmt wird (eine Nötigung). Sie sagen, daß etwas zu tun oder zu unterlassen gut sein würde, allein sie sagen es einem Willen, der nicht immer darum etwas tut, weil ihm vorgestellt wird, daß es zu tun gut sei. Praktisch gut ist aber, was vermittelst der Vorstellungen der Vernunft, mithin nicht aus subjektiven Ursachen, sondern objektiv, d. i. aus Gründen, die für jedes vernünftige Wesen als ein solches gültig sind, den Willen bestimmt. Es wird vom *Angenehmen* unterschieden als demjenigen, was nur vermittelst der Empfindung aus bloß subjektiven Ursachen, die nur für dieses oder jenes seinen Sinn gelten, und nicht als Prinzip der Vernunft, das für jedermann gilt, auf den Willen Einfluß hat.

Ein vollkommen guter Wille würde also ebensowohl unter objektiven Gesetzen (des Guten) stehen, aber nicht dadurch als zu gesetzmäßigen Handlungen *genötigt* vorgestellt werden können, weil er von selbst, nach seiner subjektiven Beschaffenheit nur durch die Vorstellung des Guten bestimmt werden kann. Daher gelten für den *göttlichen* und überhaupt für einen *heiligen* Willen keine Imperativen; das *Sollen* ist hier am unrechten Orte, weil das *Wollen* schon von selbst mit dem Gesetz notwendig einstimmig ist. Daher sind Imperativen nur Formeln, das Verhältnis objektiver Gesetze des Wollens überhaupt zu der subjektiven Unvollkommenheit des Willens dieses oder jenes vernünftigen Wesens, z. B. des menschlichen Willens, auszudrücken.

Alle *Imperativen* nun gebieten entweder *hypothetisch*, oder *kategorisch*. Jene stellen die praktische Notwendigkeit einer möglichen Handlung als Mittel zu etwas anderem, was man will (oder doch möglich ist, daß man es wolle), zu gelangen vor. Der kategorische Imperativ würde der sein, welcher eine Handlung als für sich selbst, ohne Beziehung auf einen andern Zweck, als objektiv-notwendig vorstellte.

[...]

Wenn ich mir einen *hypothetischen* Imperativ überhaupt denke, so weiß ich nicht zum voraus, was er enthalten werde: bis mir die Bedingung gegeben ist. Denke ich mir aber einen *kategorischen Imperativ*, so weiß ich sofort, was er enthalte. Denn da der Imperativ außer dem Gesetze nur die Notwendigkeit der Maxime* enthält, diesem Gesetze gemäß zu sein, das Gesetz aber keine Bedingung enthält, auf die es eingeschränkt war, so bleibt nichts als die Allgemeinheit eines Gesetzes überhaupt übrig, welchem die Maxime der Handlung gemäß sein soll, und welche Gemäßheit allein den Imperativ als notwendig vorstellt.

Der kategorische Imperativ ist also nur ein einziger und zwar dieser: *handle nur nach derjenigen Maxime, durch die du zugleich wollen kannst, daß sie ein allgemeines Gesetz werde.*

[Immanuel Kant: Grundlegung zur Metaphysik der Sitten]

2. John Stuart Mill: Das Prinzip der Nützlichkeit

Die Auffassung, für die die Nützlichkeit oder das Prinzip des größten Glücks die Grundlage der Moral ist, besagt, dass Handlungen insoweit und in dem Maße moralisch richtig sind, als sie die Tendenz haben, Glück zu befördern, und insoweit moralisch falsch, als sie die Tendenz haben, das Gegenteil von Glück zu bewirken. Unter ›Glück‹ ist dabei Lust und das Freisein von Unlust, unter ›Unglück‹ Unlust und das Fehlen von Lust verstanden. Damit die von dieser Theorie aufgestellte Norm deutlich wird, muss freilich noch einiges mehr gesagt werden, insbesondere darüber, was die Begriffe Lust und Unlust ein-

* *Maxime* ist das subjektive Prinzip zu handeln und muß vom *objektiven Prinzip*, nämlich dem praktischen Gesetze, unterschieden werden. Jene enthält die praktische Regel, die die Vernunft den Bedingungen des Subjekts gemäß (öfters der Unwissenheit oder auch den Neigungen desselben) bestimmt, und ist also der Grundsatz, nach welchem das Subjekt *handelt*, das Gesetz aber ist das objektive Prinzip, gültig für jedes vernünftige Wesen, und der Grundsatz, nach dem es *handeln soll*, d. i. ein Imperativ.

schließen sollen und inwieweit dies von der Theorie offen gelassen wird. Aber solche zusätzlichen Erklärungen ändern nichts an der Lebensauffassung, auf der diese Theorie der Moral wesentlich beruht: dass Lust und das Freisein von Unlust die einzigen Dinge sind, die als Endzwecke wünschenswert sind, und dass alle anderen wünschenswerten Dinge (die nach utilitaristischer Auffassung ebenso vielfältig sind wie nach jeder anderen) entweder deshalb wünschenswert sind, weil sie selbst lustvoll sind oder weil sie Mittel sind zur Beförderung von Lust und zur Vermeidung von Unlust.

Eine solche Lebensauffassung stößt bei vielen Menschen, darunter manchen, deren Fühlen und Trachten im höchsten Maße achtenswert ist, auf eingewurzelte Abneigung. Der Gedanke, dass das Leben (wie sie sagen) keinen höheren Zweck habe als die Lust, kein besseres und edleres Ziel des Wollens und Strebens, erscheint ihnen im äußersten Grade niedrig und gemein; als eine Ansicht, die nur der Schweine würdig wäre, mit denen die Anhänger Epikurs ja schon sehr früh verächtlich gleichgesetzt wurden; und zeitgenössische Vertreter der Lehre werden gelegentlich zum Gegenstand nicht weniger höflicher Vergleiche von Seiten ihrer deutschen, französischen und englischen Gegner.

Auf Angriffe dieser Art haben die Epikureer stets geantwortet, dass nicht sie, sondern ihre Ankläger es sind, die die menschliche Natur in entwürdigendem Lichte erscheinen lassen, da die Anklage ja unterstellt, dass Menschen keiner anderen Lust fähig sind als der, deren auch Schweine fähig sind. Träfe diese Unterstellung zu, wäre der Anklage nichts entgegenzuhalten, aber sie wäre dann auch keine Bezichtigung mehr. Denn wären die Quellen der Lust für Menschen und für Schweine genau dieselben, müsste die Lebensregel, die für die einen gut genug ist, auch für die anderen gut genug sein. Nur deswegen wird ja die Gleichsetzung des epikureischen Lebens mit dem tierischen als entwürdigend empfunden, weil die Lust des Tiers der menschlichen Vorstellung von Glück nicht gerecht wird. Die Menschen haben höhere Fähigkeiten als bloß tierische Gelüste und vermögen, sobald sie sich dieser einmal bewusst geworden sind, nur darin ihr Glück zu sehen, worin deren Betätigung eingeschlossen ist. Ich möchte damit nicht behaupten, dass den Epikureern bei der Ableitung von Konsequenzen aus dem utilitaristischen Prinzip keine Fehler unterlaufen wären – im Gegenteil, keine solche Ableitung kann angemessen sein, die nicht viele stoische und christliche Elemente einbezieht. Aber wir kennen keine epikureische Lebensauffassung, die nicht den Freuden des Verstandes, der Empfindung und Vorstellungskraft sowie des sittlichen Gefühls einen weit höheren Wert zuschreibt als denen der bloßen Sinnlichkeit. Es ist allerdings einzuräumen, dass die utilitaristischen Autoren die Überlegenheit der geistigen über die körperlichen Freuden im Wesentlichen nur in der größeren Dauerhaftigkeit, Verlässlichkeit, Unaufwendigkeit usw. der Ersteren gesehen haben, also eher in ihren äußeren Vorteilen als in ihrer inneren Beschaffenheit. In allen diesen Punkten haben die Utilitaristen ihren Standpunkt überzeugend begründet. Aber sie hätten auch diesen anderen und sozusagen höheren Grund geltend machen können, ohne sich selbst untreu zu werden. Die Anerkennung der Tatsache, dass einige *Arten* der Freude wünschenswerter und wertvoller sind als andere, ist mit dem Nützlichkeitsprinzip durchaus vereinbar. Es wäre unsinnig anzunehmen, dass der Wert einer Freude ausschließlich von der Quantität abhängen sollte, wo doch in der Wertbestimmung aller anderen Dinge neben der Quantität auch die Qualität Berücksichtigung findet.

Fragt man mich nun, was ich meine, wenn ich von der unterschiedlichen Qualität von Freuden spreche, und was eine Freude – bloß als Freude, unabhängig von ihrem größeren Betrag – wertvoller als eine andere macht, so gibt es nur eine mögliche Antwort: Von zwei Freuden ist diejenige wünschenswerter, die von allen oder nahezu allen, die beide erfahren haben – ungeachtet des Gefühls, eine von beiden aus moralischen Gründen vorziehen zu müssen –, entschieden bevorzugt wird. Wird die eine von zwei Freuden von denen, die beide kennen und beurteilen können, so weit über die andere gestellt, dass sie sie auch dann noch vorziehen, wenn sie wissen, dass sie größere Unzufriedenheit verursacht, und sie gegen noch so viele andere Freuden, die sie erfahren könnten, nicht eintauschen möchten, sind wir berechtigt, jener Freude eine höhere Qualität zuzuschreiben, die die Quantität so weit übertrifft, dass diese im Vergleich nur gering ins Gewicht fällt.

Es ist nun aber eine unbestreitbare Tatsache, dass diejenigen, die mit beiden gleichermaßen bekannt und für beide gleichermaßen empfänglich sind, der Lebensweise entschieden den Vorzug geben, an der auch ihre höheren Fähigkeiten beteiligt sind. Nur wenige Menschen würden darein einwilligen, sich in eines der niederen Tiere verwandeln zu lassen, wenn man ihnen verspräche, dass sie die Befriedigungen des Tiers im vollen Umfang auskosten dürften. Kein intelligenter Mensch möchte ein Narr, kein gebildeter Mensch ein Dummkopf, keiner, der feinfühlig und gewissenhaft ist, selbstsüchtig und niederträchtig sein – auch wenn sie überzeugt wären, dass der Narr, der Dummkopf oder der Schurke mit seinem Schicksal zufriedener ist als sie mit dem ihren. Das, was sie vor ihm voraushaben, würden sie auch für die vollständigste Erfüllung all der Wünsche nicht aufgeben, die sie mit ihm gemeinsam haben. Sollte ihnen dies doch einmal in den Sinn kommen, dann nur in Fällen äußersten Unglücks, in denen sie bereit sind, fast jedes andere Schicksal in Kauf zu nehmen, wie wenig sie sich auch von ihm versprechen, nur um dem ihren zu entgehen. Ein höher begabtes Wesen verlangt mehr zu seinem Glück, ist wohl auch größeren Leidens fähig und ihm sicherlich in höherem Maße ausgesetzt als ein niedrigeres Wesen; aber trotz dieser Gefährdungen wird es niemals in jene Daseinsweise absinken wollen, die es als niedriger empfindet. Wir mögen dieses Widerstreben erklären, wie wir wollen: wir mögen es dem Stolz zuschreiben – einem Begriff, mit dem man einige der am meisten und einige der am wenigsten schätzenswerten Gefühle, deren die Menschen fähig sind, bezeichnet; wir mögen es der Freiheitsliebe und dem Streben nach Unabhängigkeit zuschreiben, woran die Stoiker appelliert und worin sie eines der wirksamsten Mittel gefunden haben, die Menschen zu diesem Widerstreben zu erziehen; der Liebe zur Macht und zur begeisterten Erregtheit, die beide darin enthalten sind. Aber am zutreffendsten wird es als ein Gefühl der Würde beschrieben, das allen Menschen in der einen oder anderen Weise und im ungefähren Verhältnis zu ihren höheren Anlagen zu eigen ist und das für die, bei denen es besonders stark ausgeprägt ist, einen so entscheidenden Teil ihres Glücks ausmacht, dass sie nichts, was mit ihm unvereinbar ist, länger als nur einen Augenblick lang zu begehren imstande sind. Wer meint, dass diese Bevorzugung des Höheren ein Opfer an Glück bedeutet – dass das höhere Wesen unter den gleichen Umständen nicht glücklicher sein könne als das niedrigere –, vermengt die zwei durchaus verschiedenen Begriffe des Glücks und der Zufriedenheit. Es ist unbestreitbar, dass ein Wesen mit geringerer Fähigkeit zum Genuss die besten Aussichten hat, voll zufrieden gestellt zu werden; während ein Wesen von höheren Fähigkeiten stets das Gefühl haben wird, dass alles Glück, das es von der Welt, so wie sie beschaffen ist, erwarten kann, unvollkommen ist. Aber solange diese Unvollkommenheiten überhaupt erträglich sind, kann es lernen, mit ihnen zu leben, statt die anderen zu beneiden, denen diese Unvollkommenheiten nur deshalb nicht bewusst sind, weil sie sich von den Vollkommenheiten keine Vorstellung machen können, mit denen diese verglichen werden. Es ist besser, ein unzufriedener Mensch zu sein als ein zufriedenes Schwein; besser ein unzufriedener Sokrates als ein zufriedener Narr. Und wenn der Narr oder das Schwein anderer Ansicht sind, dann deshalb, weil sie nur die eine Seite der Angelegenheit kennen. Die andere Partei hingegen kennt beide Seiten.

[…]

Es ist bereits bemerkt worden, dass Fragen nach letzten Zwecken einen Beweis im üblichen Sinne des Wortes nicht zulassen. Die Unmöglichkeit eines Vernunftbeweises ist allen ersten Prinzipien gemeinsam, den Grundvoraussetzungen der Erkenntnis ebenso wie denen des praktischen Handelns. Doch da es sich bei den Ersteren um Tatsachen handelt, wird man sich zu ihrer Begründung unmittelbar auf die Vermögen berufen können, mit denen wir über Tatsachen urteilen, nämlich unsere Sinne und unser inneres Bewusstsein. Kann man sich in der Frage der praktischen Zwecke auf dieselben Vermögen berufen? Oder welche anderen Vermögen sind es, durch die wir von ihnen Kenntnis erlangen?

Fragen nach Zwecken sind (mit anderen Worten) Fragen danach, welche Dinge wünschenswert sind. Der Utilitarismus sagt, dass Glück wünschenswert ist, dass es das Einzige ist, was als Zweck wünschenswert ist, und dass alles andere nur als Mittel zu diesem Zweck wünschenswert ist. Welchen Kriterien muss diese Lehre genügen – welche Bedingungen muss sie erfüllen –, um ihrem Anspruch zu überzeugen gerecht zu werden?

Der einzige Beweis dafür, dass ein Gegenstand sichtbar ist, ist, dass man ihn tatsächlich sieht. Der einzige Beweis dafür, dass ein Ton hörbar ist, ist, dass man ihn hört. Und dasselbe gilt für die anderen Quellen unserer Erfahrung. Ebenso wird der einzige Beweis dafür, dass etwas wünschenswert ist, der sein, dass die Menschen es tatsächlich wünschen. Wäre der Zweck, den sich die utilitaristische Theorie setzt, nicht schon in Theorie und Praxis als Zweck anerkannt, könnte einen nichts davon überzeugen, dass dies wirklich der Zweck ist. Dafür, dass das allgemeine

Glück wünschenswert ist, lässt sich kein anderer Grund angeben, als dass jeder sein eigenes Glück erstrebt, insoweit er es für erreichbar hält. Da dieses jedoch eine Tatsache ist, haben wir damit nicht nur den ganzen Beweis, den der Fall zulässt, sondern alles, was überhaupt als Beweisgrund dafür verlangt werden kann, dass Glück ein Gut ist: nämlich dass das Glück jedes Einzelnen für diesen ein Gut ist und dass daher das allgemeine Glück ein Gut für die Gesamtheit der Menschen ist. Damit hat das Glück seinen Anspruch begründet, *einer* der Zwecke des Handelns und folglich eines der Kriterien der Moral zu sein.

[John Stuart Mill: Utilitarianism / Der Utilitarismus, 2., 4. Kap.]

20. Jahrhundert

X. Bedeutung

Spätestens seit Beginn des 20. Jahrhunderts wird der Sprache in der Philosophie besondere Beachtung geschenkt. Die Aufmerksamkeit gilt der Sprache nicht nur insofern, als die Sätze, mit denen philosophische Fragen und Thesen formuliert werden, analysiert werden müssen, sondern sie gilt auch der Sprache als Gegenstand der Analyse selbst. So lautet eine grundlegende Frage der Sprachphilosophie, was sprachliche Bedeutung überhaupt ist. Der Mathematiker und Philosoph Gottlob Frege (1848–1925) argumentiert in seinem Aufsatz »Über Sinn und Bedeutung« (1892), dass man unterscheiden muss zwischen dem, auf das sich ein sprachlicher Ausdruck bezieht, der Bedeutung, und dem, wie der Gegenstand gegeben ist, dem Sinn (Text 1). Auch Sätze haben Bedeutung und Sinn. Anstelle vom Sinn von einem Satz kann man auch von den Bedingungen reden, unter denen ein Satz wahr ist. Auf dieser Idee baute später Donald Davidson seine wahrheitskonditionale Bedeutungstheorie auf. Vertreter der verifikationistischen Bedeutungstheorie setzen die Wahrheitsbedingungen gleich mit den Bedingungen der Verifikation, d.h. der empirischen Überprüfung des Satzes, so zum Beispiel Rudolf Carnap (1891–1970) in seinem 1931 erschienenen Aufsatz »Überwindung der Metaphysik durch logische Analyse der Sprache« (Text 2). Die verifikationistische Bedeutungstheorie ist eng verknüpft mit der Weiterentwicklung des Empirismus (s. Kap. VI) zum logischen Empirismus, vor allem durch den Wiener Kreis, einer Gruppe von Wissenschaftlern und Philosophen, die sich zwischen 1923 und 1936 in Wien zum Zweck des wissenschaftlichen Austausches trafen. Dieser Gruppe gehörte zeitweilig auch Ludwig Wittgenstein (1889–1951) an. Wittgenstein wurde zunächst bekannt als der Autor des eigenwilligen Werks *Tractatus Logico-Philosophicus* (1921), das aus sieben Sätzen und durchnummerierten Erläuterungen zu diesen Sätzen besteht. In diesem Werk vertritt Wittgenstein die These, dass die Sprache ein Abbild der Welt sei. Er revidiert später in den *Philosophischen Untersuchungen* (1956) seine Auffassung und entwickelt die sogenannte Gebrauchstheorie der Bedeutung (Text 3). Wittgensteins spätere Theorie – oder besser Auffassung, denn Wittgenstein lehnte das Theoretisieren über die Alltagssprache ab – kann als »konventionalistisch« bezeichnet werden: Der Sprachgebrauch wird als soziale Tätigkeit analysiert, genauer als ein regelgeleitetes Sprachspiel. Damit steht sie einer anderen Gebrauchstheorie gegenüber, der von Paul Grice entwickelten intentionalistischen Bedeutungstheorie: Diese analysiert den Sprachgebrauch als absichtliches Verhalten und versucht, den Begriff der Bedeutung einer Äußerung auf den Begriff des vom Sprecher Gemeinten zurückzuführen.

1. Gottlob Frege: Sinn und Bedeutung

Die Gleichheit* fordert das Nachdenken heraus durch Fragen, die sich daran knüpfen und nicht ganz leicht zu beantworten sind. Ist sie eine Beziehung? eine Beziehung zwischen Gegenständen? oder zwischen Namen oder Zeichen für Gegenstände? Das letzte hatte ich in meiner Begriffsschrift angenommen. Die Gründe, die dafür zu sprechen scheinen, sind folgende: $a = a$ und $a = b$ sind offenbar Sätze von verschiedenem Erkenntniswert: $a = a$ gilt *a priori* und ist nach Kant analytisch zu nennen, während Sätze von der Form $a = b$ oft sehr wertvolle Erweiterungen unserer Erkenntnis enthalten und *a priori* nicht immer zu begründen sind. Die Entdeckung, daß nicht jeden Morgen eine neue Sonne aufgeht, sondern immer dieselbe, ist wohl eine der folgenreichsten in der Astronomie gewesen. Noch jetzt ist die Wiedererkennung eines kleinen Planeten oder eines Kometen nicht immer etwas Selbstverständliches. Wenn wir nun in der Gleichheit eine Beziehung zwischen dem sehen wollten, was die Namen *»a«* und *»b«* bedeuten, so schiene $a = b$ von $a = a$ nicht verschieden sein zu können, falls nämlich $a = b$ wahr ist. Es wäre hiermit eine Beziehung eines Dinges zu sich selbst ausgedrückt, und zwar eine solche, in der jedes Ding mit sich selbst, aber kein Ding mit einem anderen steht. Was man mit $a = b$ sagen will, scheint zu sein, daß die Zeichen oder Namen *»a«* und *»b«* dasselbe bedeuten, und dann wäre eben von jenen Zeichen die Rede; es würde eine Beziehung zwischen ihnen behauptet. Aber diese Beziehung bestände zwischen den Namen oder Zeichen nur, insofern sie etwas benennen oder bezeichnen. Sie wäre eine vermittelte durch die Verknüpfung jedes der beiden Zeichen mit demselben Be-

* Ich brauche dies Wort im Sinne von Identität und verstehe »$a = b$« in dem Sinne von »*a* ist dasselbe wie *b*« oder »*a* und *b* fallen zusammen«.

zeichneten. Diese aber ist willkürlich. Man kann keinem verbieten, irgendeinen willkürlich hervorzubringenden Vorgang oder Gegenstand zum Zeichen für irgend etwas anzunehmen. Damit würde dann ein Satz $a = b$ nicht mehr die Sache selbst, sondern nur noch unsere Bezeichnungsweise betreffen; wir würden keine eigentliche Erkenntnis darin ausdrücken. Das wollen wir aber doch gerade in vielen Fällen. Wenn sich das Zeichen *»a«* von dem Zeichen *»b«* nur als Gegenstand (hier durch die Gestalt) unterscheidet, nicht als Zeichen; das soll heißen: nicht in der Weise, wie es etwas bezeichnet: so würde der Erkenntniswert von $a = a$ wesentlich gleich dem von $a = b$ sein, falls $a = b$ wahr ist. Eine Verschiedenheit kann nur dadurch zustande kommen, daß der Unterschied des Zeichens einem Unterschiede in der Art des Gegebenseins des Bezeichneten entspricht. Es seien *a, b, c* die Geraden, welche die Ecken eines Dreiecks mit den Mitten der Gegenseiten verbinden. Der Schnittpunkt von *a* und *b* ist dann derselbe wie der Schnittpunkt von *b* und *c*. Wir haben also verschiedene Bezeichnungen für denselben Punkt, und diese Namen (»Schnittpunkt von *a* und *b*«, »Schnittpunkt von *b* und *c*«) deuten zugleich auf die Art des Gegebenseins, und daher ist in dem Satze eine wirkliche Erkenntnis enthalten.

Es liegt nun nahe, mit einem Zeichen (Namen, Wortverbindung, Schriftzeichen) außer dem Bezeichneten, was die Bedeutung des Zeichens heißen möge, noch das verbunden zu denken, was ich den Sinn des Zeichens nennen möchte, worin die Art des Gegebenseins enthalten ist. Es würde danach in unserem Beispiele zwar die Bedeutung der Ausdrücke »der Schnittpunkt von *a* und *b*« und »der Schnittpunkt von *b* und *c*« dieselbe sein, aber nicht ihr Sinn. Es würde die Bedeutung von »Abendstern« und »Morgenstern« dieselbe sein, aber nicht der Sinn.

[Gottlob Frege: Über Sinn und Bedeutung]

2. *Rudolf Carnap: Das empiristische Sinnkriterium*

Hat ein Wort (innerhalb einer bestimmten Sprache) eine Bedeutung, so pflegt man auch zu sagen, es bezeichne einen »Begriff«; sieht es nur so aus, als habe das Wort eine Bedeutung, während es in Wirklichkeit keine hat, so sprechen wir von einem »Scheinbegriff«. Wie ist die Entstehung eines solchen zu erklären? Ist nicht jedes Wort nur deshalb in die Sprache eingeführt worden, um etwas Bestimmtes auszudrücken, so daß es von seinem ersten Gebrauch an eine bestimmte Bedeutung hat? Wie kann es da in der traditionellen Sprache bedeutungslose Wörter geben? Ursprünglich hat allerdings jedes Wort (abgesehen von seltenen Ausnahmen, für die wir später ein Beispiel geben werden) eine Bedeutung. Im Lauf der geschichtlichen Entwicklung ändert ein Wort häufig seine Bedeutung. Und nun kommt es zuweilen auch vor, daß ein Wort seine alte Bedeutung verliert, ohne eine neue zu bekommen. Dadurch entsteht dann ein Scheinbegriff.

Worin besteht nun *die Bedeutung eines Wortes?* Welche Festsetzungen müssen in bezug auf ein Wort getroffen sein, damit es eine Bedeutung hat? (Ob diese Festsetzungen ausdrücklich ausgesprochen sind, wie bei einigen Wörtern und Symbolen der modernen Wissenschaft, oder stillschweigend vereinbart sind, wie es bei den meisten Wörtern der traditionellen Sprache zu sein pflegt, darauf kommt es für unsere Überlegungen nicht an.) Erstens muß die *Syntax* des Wortes festliegen, d. h. die Art seines Auftretens in der einfachsten Satzform, in der es vorkommen kann; wir nennen diese Satzform seinen *Elementarsatz*. Die elementare Satzform für das Wort »Stein« ist z. B. »*x* ist ein Stein«; in Sätzen dieser Form steht an Stelle von »*x*« irgendeine Bezeichnung aus der Kategorie der Dinge, z. B. »dieser Diamant«, »dieser Apfel«. Zweitens muß für den Elementarsatz *S* des betreffenden Wortes die Antwort auf folgende Frage gegeben sein, die wir in verschiedener Weise formulieren können:

1. Aus was für Sätzen ist *S ableitbar*, und welche Sätze sind aus *S* ableitbar?
2. Unter welchen Bedingungen soll *S wahr*, unter welchen falsch sein?
3. Wie ist *S* zu *verifizieren*?
4. Welchen *Sinn* hat *S*?

(1) ist die korrekte Formulierung; die Formulierung (2) paßt sich der Redeweise der Logik an, (3) der Redeweise der Erkenntnistheorie, (4) der der Philosophie (Phänomenologie). Daß das, was die Philosophen mit (4) meinen, durch (2) erfaßt wird, hat Wittgenstein ausgesprochen: der Sinn eines Satzes liegt in seinem Wahrheitskriterium. [(1) ist die »metalogische« Formulierung; eine ausführliche Darstellung der Metalogik als Theorie der Syntax und des Sinnes, d.h. der Ableitungsbeziehungen, soll später an anderer Stelle gegeben werden.]

Bei vielen Wörtern, und zwar bei der überwiegenden Mehrzahl aller Wörter der Wissenschaft, ist es möglich, die Bedeutung durch Zurückführung auf andere Wörter (»Konstitution«, Definition) anzugeben. Z.B.: »›Arthropoden‹ sind Tiere mit gegliedertem Körper, gegliederten Extremitäten und einer Körperdecke aus Chitin.« Hierdurch ist für die elementare Satzform des Wortes »Arthropode«, nämlich für die Satzform »das Ding *x* ist ein Arthropode«, die vorhin genannte Frage beantwortet; es ist bestimmt, daß ein Satz dieser Form ableitbar sein soll aus Prämissen von der Form »*x* ist ein Tier«, »*x* hat einen gegliederten Körper«, »*x* hat gegliederte Extremitäten«, »*x* hat eine Körperdecke aus Chitin«, und daß umgekehrt jeder dieser Sätze aus jenem Satz ableitbar sein soll. Durch diese Bestimmungen über Ableitbarkeit (in anderer Ausdrucksweise: über das Wahrheitskriterium, die Verifikationsmethode, den Sinn) des Elementarsatzes über »Arthropode« ist die Bedeutung des Wortes »Arthropode« festgelegt. In dieser Weise wird jedes Wort der Sprache auf andere Wörter und schließlich auf die in den sog. »Beobachtungssätzen« oder »Protokollsätzen« vorkommenden Wörter zurückgeführt. Durch diese Zurückführung erhält das Wort seine Bedeutung.

[...] Da die Bedeutung eines Wortes durch sein Kriterium bestimmt ist (in anderer Ausdrucksweise: durch die Ableitungsbeziehungen seines Elementarsatzes, durch seine Wahrheitsbedingungen, durch die Methode seiner Verifikation), so kann man nicht nach der Festsetzung des Kriteriums auch noch darüber verfügen, was man mit dem Wort »meinen« wolle. Man darf nicht weniger als das Kriterium angeben, damit das Wort eine scharfe Bedeutung erhält; aber man kann auch nicht mehr als das Kriterium angeben, denn durch dieses ist alles Weitere bestimmt. Im Kriterium ist die Bedeutung implizit enthalten; es bleibt nur übrig, sie explizit herauszustellen.

Nehmen wir beispielshalber an, jemand bilde das neue Wort »babig« und behaupte, es gäbe Dinge, die babig sind, und solche, die nicht babig sind. Um die Bedeutung dieses Wortes zu erfahren, werden wir ihn nach dem Kriterium fragen: Wie ist im konkreten Fall festzustellen, ob ein bestimmtes Ding babig ist oder nicht? Nun wollen wir zunächst einmal annehmen, der Gefragte bleibe die Antwort schuldig; er sagt, es gebe keine empirischen Kennzeichen für die Babigkeit. In diesem Falle werden wir die Verwendung des Wortes nicht für zulässig halten. Wenn der das Wort Verwendende trotzdem sagt, es gebe babige und nicht babige Dinge, nur bleibe es für den armseligen, endlichen Verstand des Menschen ein ewiges Geheimnis, welche Dinge babig sind und welche nicht, so werden wir dies für leeres Gerede ansehen. Vielleicht wird er uns aber versichern, daß er mit dem Wort »babig« doch etwas meine. Daraus erfahren wir jedoch nur das psychologische Faktum, daß er irgendwelche Vorstellungen und Gefühle mit dem Wort verbindet. Aber eine Bedeutung bekommt das Wort hierdurch nicht. Ist kein Kriterium für das neue Wort festgesetzt, so besagen die Sätze, in denen es vorkommt, nichts, sie sind bloße Scheinsätze.

[Rudolf Carnap: Überwindung der Metaphysik durch logische Analyse der Sprache]

3. *Ludwig Wittgenstein: Bedeutung als Gebrauch*

1. *Augustinus*, in den Confessionen 1/8: »Nannten die Erwachsenen irgend einen Gegenstand und wandten sie sich dabei ihm zu, so nahm ich das wahr und ich begriff, daß der Gegenstand durch die Laute, die sie aussprachen, bezeichnet wurde, da sie auf *ihn* hinweisen wollten. Dies aber entnahm ich aus ihren Gebärden, der natürlichen Sprache aller Völker, der Sprache, die durch Mienen- und Augenspiel, durch die Bewegungen der Glieder und den Klang der Stimme die Empfindungen der Seele anzeigt, wenn diese irgend etwas begehrt, oder festhält, oder zurückweist, oder flieht. So lernte ich nach und nach verstehen, welche Dinge die Wörter bezeichneten, die ich wieder und wieder, an ihren bestimmten Stellen in verschiedenen Sätzen, aussprechen hörte. Und ich brachte, als nun mein Mund sich an diese Zeichen gewöhnt hatte, durch sie meine Wünsche zum Ausdruck.« In diesen Worten erhalten wir, so scheint es mir, ein bestimmtes Bild von dem Wesen der menschlichen Sprache. Nämlich dieses: Die Wörter der Sprache benennen Gegenstände – Sätze sind Verbindungen von solchen Benennungen. – In diesem Bild von der Sprache finden wir die Wurzeln der Idee: Jedes Wort hat eine Bedeutung. Diese Bedeutung ist dem Wort zugeordnet. Sie ist der Gegenstand, für welchen das Wort steht.

Von einem Unterschied der Wortarten spricht Augustinus nicht. Wer das Lernen der Sprache so beschreibt, denkt, so möchte ich glauben, zunächst an Hauptwörter, wie »Tisch«, »Stuhl«, »Brot«, und die Namen von Personen, erst in zweiter Linie an die Namen gewisser Tätigkeiten und Eigenschaften, und an die übrigen Wortarten als etwas, was sich finden wird.

Denke nun an diese Verwendung der Sprache: Ich schicke jemand einkaufen. Ich gebe ihm einen Zettel, auf diesem stehen die Zeichen: »fünf rote Äpfel«. Er trägt den Zettel zum Kaufmann; der öffnet die Lade, auf welcher das Zeichen »Äpfel« steht; dann sucht er in einer Tabelle das Wort »rot« auf und findet ihm gegenüber ein Farbmuster; nun sagt er die Reihe der Grundzahlwörter – ich nehme an, er weiß sie auswendig – bis zum Worte »fünf« und bei jedem Zahlwort nimmt er einen Apfel aus der Lade, der die Farbe des Musters hat. – So, und ähnlich, operiert man mit Worten. – »Wie weiß er aber, wo und wie er das Wort ›rot‹ nachschlagen soll und was er mit dem Wort ›fünf‹ anzufangen hat?« – Nun, ich nehme an, er *handelt*, wie ich es beschrieben habe. Die Erklärungen haben irgendwo ein Ende. – Was ist aber die Bedeutung des Wortes »fünf«? – Von einer solchen war hier gar nicht die Rede; nur davon, wie das Wort »fünf« gebraucht wird.

2. Jener philosophische Begriff der Bedeutung ist in einer primitiven Vorstellung von der Art und Weise, wie die Sprache funktioniert, zu Hause. Man kann aber auch sagen, es sei die Vorstellung einer primitiveren Sprache, als der unsern.

Denken wir uns eine Sprache, für die die Beschreibung, wie Augustinus sie gegeben hat, stimmt: Die Sprache soll der Verständigung eines Bauenden A mit einem Gehilfen B dienen. A führt einen Bau auf aus Bausteinen; es sind Würfel, Säulen, Platten und Balken vorhanden. B hat ihm die Bausteine zuzureichen, und zwar nach der Reihe, wie A sie braucht. Zu dem Zweck bedienen sie sich einer Sprache, bestehend aus den Wörtern: »Würfel«, »Säule«, »Platte«, »Balken«. A ruft sie aus; – B bringt den Stein, den er gelernt hat, auf diesen Ruf zu bringen. – Fasse dies als vollständige primitive Sprache auf.

3. Augustinus beschreibt, könnten wir sagen, ein System der Verständigung; nur ist nicht alles, was wir Sprache nennen, dieses System. Und das muß man in so manchen Fällen sagen, wo sich die Frage erhebt: »Ist diese Darstellung brauchbar, oder unbrauchbar?« Die Antwort ist dann: »Ja, brauchbar; aber nur für dieses eng umschriebene Gebiet, nicht für das Ganze, das du darzustellen vorgabst.«

Es ist, als erklärte jemand: »Spielen besteht darin, daß man Dinge, gewissen Regeln gemäß, auf einer Fläche verschiebt ...« – und wir ihm antworten: Du scheinst an die Brettspiele zu denken; aber das sind nicht alle Spiele. Du kannst deine Erklärung richtigstellen, indem du sie ausdrücklich auf diese Spiele einschränkst.

23. Wieviele Arten der Sätze gibt es aber? Etwa Behauptung, Frage und Befehl? – Es gibt *unzählige* solcher Arten: unzählige verschiedene Arten der Verwendung alles dessen, was wir »Zeichen«, »Worte«, »Sätze«, nennen. Und diese Mannigfaltigkeit ist nichts Festes, ein für allemal Gegebenes; sondern neue Typen der Sprache, neue Sprachspiele, wie wir sagen können, entstehen und andre veralten und werden vergessen. (Ein *ungefähres Bild* davon können uns die Wandlungen der Mathematik geben.)

Das Wort »Sprach*spiel*« soll hier hervorheben, daß das *Sprechen* der Sprache ein Teil ist einer Tätigkeit, oder einer Lebensform.

Führe dir die Mannigfaltigkeit der Sprachspiele an diesen Beispielen, und andern, vor Augen:

Befehlen, und nach Befehlen handeln –
Beschreiben eines Gegenstands nach dem Ansehen, oder nach Messungen –

Herstellen eines Gegenstands nach einer Beschreibung (Zeichnung) –
Berichten eines Hergangs –
Über den Hergang Vermutungen anstellen –
Eine Hypothese aufstellen und prüfen –
Darstellen der Ergebnisse eines Experiments durch Tabellen und Diagramme –
Eine Geschichte erfinden; und lesen –
Theater spielen –
Reigen singen –
Rätsel raten –
Einen Witz machen; erzählen –
Ein angewandtes Rechenexempel lösen –
Aus einer Sprache in die andere übersetzen –
Bitten, Danken, Fluchen, Grüßen, Beten.

– Es ist interessant, die Mannigfaltigkeit der Werkzeuge der Sprache und ihrer Verwendungsweisen, die Mannigfaltigkeit der Wort- und Satzarten, mit dem zu vergleichen, was Logiker über den Bau der Sprache gesagt haben. (Und auch der Verfasser der Logisch-Philosophischen Abhandlung.)

31. Wenn man jemandem die Königsfigur im Schachspiel zeigt und sagt »Das ist der Schachkönig«, so erklärt man ihm dadurch nicht den Gebrauch dieser Figur, – es sei denn, daß er die Regeln des Spiels schon kennt, bis auf diese letzte Bestimmung: die Form einer Königsfigur. Man kann sich denken, er habe die Regeln des Spiels gelernt, ohne daß ihm je eine wirkliche Spielfigur gezeigt wurde. Die Form der Spielfigur entspricht hier dem Klang, oder der Gestalt eines Wortes.

Man kann sich aber auch denken, Einer habe das Spiel gelernt, ohne je Regeln zu lernen, oder zu formulieren. Er hat etwa zuerst durch Zusehen ganz einfache Brettspiele gelernt und ist zu immer komplizierteren fortgeschritten. Auch diesem könnte man die Erklärung geben: »Das ist der König« – wenn man ihm z. B. Schachfiguren von einer ihm ungewohnten Form zeigt. Auch diese Erklärung lehrt ihn den Gebrauch der Figur nur darum, weil, wie wir sagen könnten, der Platz schon vorbereitet war, an den sie gestellt wurde. Oder auch: Wir werden nur dann sagen, sie lehre ihn den Gebrauch, wenn der Platz schon vorbereitet ist. Und er ist es hier nicht dadurch, daß der, dem wir die Erklärung geben, schon Regeln weiß, sondern dadurch, daß er in anderm Sinne schon ein Spiel beherrscht.

Betrachte noch diesen Fall: Ich erkläre jemandem das Schachspiel; und fange damit an, indem ich auf eine Figur zeige und sage: »Das ist der König. Er kann so und so ziehen, etc. etc.« – In diesem Fall werden wir sagen: die Worte »Das ist der König« (oder »Das heißt ›König‹«) sind nur dann eine Worterklärung, wenn der Lernende schon ›weiß, was eine Spielfigur ist‹. Wenn er also etwa schon andere Spiele gespielt hat, oder dem Spielen Anderer ›mit Verständnis‹ zugesehen hat – *und dergleichen*. Auch nur dann wird er beim Lernen des Spiels relevant fragen können: »Wie heißt das?« – nämlich, diese Spielfigur.

Wir können sagen: Nach der Benennung fragt nur der sinnvoll, der schon etwas mit ihr anzufangen weiß.

Wir können uns ja auch denken, daß der Gefragte antwortet: »Bestimm die Benennung selber« – und nun müßte, der gefragt hat, für alles selber aufkommen.

43. Man kann für eine *große* Klasse von Fällen der Benützung des Wortes »Bedeutung« – wenn auch nicht für *alle* Fälle seiner Benützung – dieses Wort so erklären: Die Bedeutung eines Wortes ist sein Gebrauch in der Sprache.

Und die *Bedeutung* eines Namens erklärt man manchmal dadurch, daß man auf seinen *Träger* zeigt.

[Ludwig Wittgenstein: Philosophische Untersuchungen, §§ 1, 2, 3, 23, 31 und 43]

XI. Wissenschaft

Was ist Wissenschaft? Als wissenschaftliche Sätze gelten entsprechend logisch-empiristischer Auffassung nur die empirisch überprüfbaren Sätze. Moritz Schlick (1882–1936), ein führender Kopf des Wiener Kreises (s. Kap. X), vertritt diese Ansicht in seinem Aufsatz »Wende der Philosophie« (Text 1). Der Wiener Philosoph Karl Popper (1902–1994) kritisiert an dieser Auffassung, dass nicht alle wissenschaftlichen Sätze auf empirisch überprüfbare Sätze zurückgeführt werden können. Er schlägt stattdessen in seinem Buch *Logik der Forschung* das Kriterium der Falsifizierbarkeit vor (Text 2). Eine zweite grundlegende Frage der Wissenschaftstheorie betrifft das Wesen wissenschaftlicher Erklärungen. Carl Gustav Hempel (1905–1997) entwickelt dazu das deduktiv-nomologische Erklärungsmodell (Text 3). »Deduktiv« bedeutet, dass die Erklärung die Form eines logischen Schlusses hat; »nomologisch« bedeutet, dass die Erklärung ein Naturgesetz (griech. *nomos*, Gesetz) enthalten muss. Eine weitere Frage der Wissenschaftstheorie betrifft das Verhältnis von wissenschaftlicher Theorie und Realität. Thomas S. Kuhn entwickelte in seinem Buch *Die Struktur wissenschaftlicher Revolutionen* dazu eine stark relativistische Auffassung.

1. Moritz Schlick: Philosophie und Wissenschaft

Wo immer ein sinnvolles Problem vorliegt, kann man theoretisch stets auch den Weg angeben, der zu seiner Auflösung führt, denn es zeigt sich, daß die Angabe dieses Weges im Grund mit der Aufzeigung des Sinnes zusammenfällt; die praktische Beschreitung des Weges kann natürlich dabei durch tatsächliche Umstände, z.B. mangelhafte menschliche Fähigkeiten, verhindert sein. Der Akt der Verifikation, bei dem der Weg der Lösung schließlich endet, ist immer von derselben Art: es ist das Auftreten eines bestimmten Sachverhaltes, das durch Beobachtung, durch unmittelbares Erlebnis konstatiert wird. Auf diese Weise wird in der Tat im Alltag wie in jeder Wissenschaft die Wahrheit (oder Falschheit) jeder Aussage festgestellt. Es gibt also keine andere Prüfung und Bestätigung von Wahrheiten als die durch Beobachtung und Erfahrungswissenschaft. Jede Wissenschaft (sofern wir bei diesem Worte an den Inhalt und nicht an die menschlichen Veranstaltungen zu seiner Gewinnung denken) ist ein System von Erkenntnissen, d.h. von wahren Erfahrungssätzen; und die Gesamtheit der Wissenschaften, mit Einschluß der Aussagen des täglichen Lebens, ist das System der Erkenntnisse; es gibt nicht außerhalb seiner noch ein Gebiet »philosophischer« Wahrheiten, die Philosophie ist nicht ein System von Sätzen, sie ist keine Wissenschaft.

Was ist sie aber dann? Nun, zwar keine Wissenschaft, aber doch etwas so Bedeutsames und Großes, daß sie auch fürder, wie einst, als die Königin der Wissenschaften verehrt werden darf; denn es steht ja nirgends geschrieben, daß die Königin der Wissenschaften selbst auch eine Wissenschaft sein müßte. Wir erkennen jetzt in ihr – und damit ist die große Wendung in der Gegenwart positiv gekennzeichnet – anstatt eines Systems von Erkenntnissen ein System von Akten; sie ist nämlich diejenige Tätigkeit, durch welche der Sinn der Aussagen festgestellt oder aufgedeckt wird. Durch die Philosophie werden Sätze geklärt, durch die Wissenschaften verifiziert. Bei diesen handelt es sich um die Wahrheit von Aussagen, bei jener aber darum; was die Aussagen eigentlich m e i n e n. Inhalt, Seele und Geist der Wissenschaft stecken natürlich in dem, was mit ihren Sätzen letzten Endes g e m e i n t ist; die philosophische Tätigkeit der Sinngebung ist daher das Alpha und Omega aller wissenschaftlichen Erkenntnis. Dies hat man wohl richtig geahnt, wenn man sagte, die Philosophie liefere sowohl die Grundlage wie den Abschluß des Gebäudes der Wissenschaften; irrig war nur die Meinung, daß das Fundament von »philosophischen Sätzen« gebildet werde (den Sätzen der Erkenntnistheorie), und daß der Bau auch von einer Kuppel philosophischer Sätze (genannt Metaphysik) gekrönt werde.

[Moritz Schlick: Die Wende der Philosophie]

2. Karl Popper: Falsifizierbarkeit

Als induktiven Schluß oder Induktionsschluß pflegt man einen Schluß von *besonderen Sätzen*, die z.B. Beobachtungen, Experimente usw. beschreiben, auf *allgemeine Sätze*, auf Hypothesen oder Theorien zu bezeichnen.

Nun ist es aber alles andere als selbstverständlich, daß wir logisch berechtigt sein sollen, von besonderen Sätzen, und seien es noch so viele, auf allgemeine Sätze zu schließen. Ein solcher Schluß kann sich ja immer als falsch erweisen: Bekanntlich berechtigen uns noch so viele Beobachtungen von weißen Schwänen nicht zu dem Satz, daß *alle* Schwäne weiß sind.

Die Frage, ob und wann induktive Schlüsse berechtigt sind, bezeichnet man als Induktionsproblem.

Man kann das Induktionsproblem auch als die Frage

nach der Geltung der allgemeinen Erfahrungssätze, der empirisch-wissenschaftlichen Hypothesen und Theoriensysteme, formulieren. Denn diese Sätze sollen ja ›auf Grund von Erfahrung gelten‹; Erfahrungen (Beobachtungen, Ergebnisse von Experimenten) können wir aber vorerst nur in besonderen Sätzen aussprechen. Spricht man von der ›empirischen Geltung‹ eines allgemeinen Satzes, so meint man, daß seine Geltung auf die von besonderen Erfahrungssätzen zurückgeführt, also auf induktive Schlüsse gegründet werden kann. Die Frage nach der Geltung der Naturgesetze ist somit nur eine andere Form der Frage nach der Berechtigung des induktiven Schlusses.

Versucht man, die induktiven Schlüsse in irgendeiner Weise zu rechtfertigen, so muß man ein ›*Induktionsprinzip*‹ aufstellen, d. h. einen Satz, der gestattet, induktive Schlüsse in eine logisch zugängliche Form zu bringen.

[...] Daß Widersprüche zumindest schwer vermeidbar sind, steht wohl (seit Hume) außer Zweifel: Das Induktionsprinzip kann natürlich nur ein *allgemeiner* Satz sein; versucht man, es als einen ›empirisch gültigen‹ Satz aufzufassen, so tauchen sofort dieselben Fragen nochmals auf, die zu seiner Einführung Anlaß gegeben haben. Wir müßten ja, um das Induktionsprinzip zu rechtfertigen, induktive Schlüsse anwenden, für die wir also ein Induktionsprinzip höherer Ordnung voraussetzen müßten usw. Eine empirische Auffassung des Induktionsprinzips scheitert also daran, daß sie zu einem *unendlichen Regreß* führt.

Einen gewaltsamen Ausweg aus dieser Schwierigkeit hat Kant dadurch versucht, daß er das Induktionsprinzip (in Form eines ›Kausalprinzips‹) als ›a priori gültig‹ betrachtete; sein geistvoller Versuch, synthetische Urteile *a priori zu begründen*, ist jedoch nicht geglückt.

Die angedeuteten Schwierigkeiten der Induktionslogik sind, wie wir glauben, unüberwindlich; und zwar auch für die heute wohl meistens vertretene Auffassung, daß induktive Schlüsse zwar nicht ›strenge Gültigkeit‹, aber doch einen gewissen *Grad von ›Sicherheit‹ oder ›Wahrscheinlichkeit‹ vermitteln.*

[...] Die Methode der kritischen Nachprüfung, der Auslese der Theorien, ist nach unserer Auffassung immer die folgende: Aus der vorläufig unbegründeten Antizipation, dem Einfall, der Hypothese, dem theoretischen System, werden auf logisch-deduktivem Weg Folgerungen abgeleitet; diese werden untereinander und mit anderen Sätzen verglichen, indem man feststellt, welche logischen Beziehungen (z.B. Äquivalenz, Ableitbarkeit, Vereinbarkeit, Widerspruch) zwischen ihnen bestehen.

Dabei lassen sich insbesondere vier Richtungen unterscheiden, nach denen die Prüfung durchgeführt wird: der logische Vergleich der Folgerungen untereinander, durch den das System auf seine innere Widerspruchslosigkeit hin zu untersuchen ist; eine Untersuchung der logischen Form der Theorie mit dem Ziel, festzustellen, ob es den Charakter einer empirisch-wissenschaftlichen Theorie hat, also z.B. nicht tautologisch ist; der Vergleich mit anderen Theorien, um unter anderem festzustellen, ob die zu prüfende Theorie, falls sie sich in den verschiedenen Prüfungen bewähren sollte, als wissenschaftlicher Fortschritt zu bewerten wäre; schließlich die Prüfung durch ›empirische Anwendung‹ der abgeleiteten Folgerungen.

Diese letzte Prüfung soll feststellen, ob sich das Neue, das die Theorie behauptet, auch praktisch bewährt, etwa in wissenschaftlichen Experimenten oder in der technisch-praktischen Anwendung. Auch hier ist das Prüfungsverfahren ein deduktives: Aus dem System werden (unter Verwendung bereits anerkannter Sätze) empirisch möglichst leicht nachprüfbare bzw. anwendbare singuläre Folgerungen (›Prognosen‹) deduziert und aus diesen insbesondere jene ausgewählt, die aus bekannten Systemen nicht ableitbar sind bzw. mit ihnen in Widerspruch stehen. Über diese – und andere – Folgerungen wird nun im Zusammenhang mit der praktischen Anwendung, den Experimenten usw., entschieden. Fällt die Entscheidung positiv aus, werden die singulären Folgerungen anerkannt, *verifiziert*, so hat das System die Prüfung vorläufig bestanden; wir haben keinen Anlaß, es zu verwerfen. Fällt eine Entscheidung negativ aus, werden Folgerungen *falsifiziert*, so trifft ihre Falsifikation auch das System, aus dem sie deduziert wurden.

[…] Der ernsteste unter den Einwänden, die man gegen unsere Ablehnung der induktiven Methode erheben kann, ist wohl der, daß wir damit auf ein, wie es scheint, entscheidendes Kennzeichen der empirischen Wissenschaft verzichten, wodurch die Gefahr eines Abgleitens der empirischen Wissenschaften in Metaphysik entsteht. Was uns aber zur Ablehnung der Induktionslogik bestimmt, das ist gerade, daß wir in dieser induktiven Methode kein geeignetes *Abgrenzungskriterium* sehen können, d.h. kein Kennzeichen des empirischen, nichtmetaphysischen Charakters eines theoretischen Systems.

Die Aufgabe, ein solches Kriterium zu finden, durch das wir die empirische Wissenschaft gegenüber Mathematik und Logik, aber auch gegenüber ›metaphysischen‹ Systemen abgrenzen können, bezeichnen wir als *Abgrenzungsproblem*.

[…] Das *induktionslogische* Abgrenzungskriterium, die Abgrenzung durch den positivistischen Sinnbegriff, ist äquivalent mit der Forderung, daß alle empirisch-wissenschaftlichen Sätze (alle ›sinnvollen Aussagen‹) *endgültig entscheidbar* sein müssen: Sie müssen eine solche Form haben, daß *sowohl ihre Verifikation als auch ihre Falsifikation* logisch möglich ist. […]

Nach unserer Auffassung aber gibt es keine Induktion. Der Schluß von den durch ›Erfahrung‹ [was immer wir auch mit diesem Worte meinen] verifizierten besonderen Aussagen auf die Theorie ist logisch unzulässig, Theorien sind somit niemals empirisch verifizierbar. Wollen wir den positivistischen Fehler, die naturwissenschaftlich-theoretischen Systeme durch das Abgrenzungskriterium auszuschließen, vermeiden, so müssen wir dieses so wählen, daß auch Sätze, die nicht verifizierbar sind, als empirisch anerkannt werden können.

Nun wollen wir aber doch nur ein solches System als empirisch anerkennen, das einer *Nachprüfung* durch die ›Erfahrung‹ fähig ist. Diese Überlegung legt den Gedanken nahe, als Abgrenzungskriterium nicht die Verifizierbarkeit, sondern die *Falsifizierbarkeit* des Systems vorzuschlagen; mit anderen Worten: Wir fordern zwar nicht, daß das System auf empirisch-methodischem Wege endgültig positiv ausgezeichnet werden kann, aber wir fordern, daß es die logische Form des Systems ermöglicht, dieses auf dem Wege der methodischen Nachprüfung negativ auszuzeichnen: *Ein empirisch-wissenschaftliches System muß an der Erfahrung scheitern können.*

[Karl Popper: Logik der Forschung, 1. Kap.]

3. Carl Gustav Hempel: Das deduktiv-nomologische Erklärungsmodell

In seinem Buch *How We Think* beschreibt John Dewey ein Phänomen, das er eines Tages beim Abspülen beobachtet hatte. Nachdem er einige Wassergläser aus dem heißen Seifenwasser genommen und sie umgekehrt auf eine Platte gestellt hatte, bemerkte er, daß unterhalb des Glasrandes Seifenblasen herauskamen, die eine Weile größer wurden, dann stillstanden und sich schließlich wieder ins Glas zurückzogen. Warum passierte dies? Dewey umreißt eine Erklärung folgender Art: beim Umstülpen der Gläser auf die Platte hatte er in ihnen kalte Luft eingefangen; diese wurde allmählich durch das Glas erwärmt, das anfänglich die Temperatur des heißen Spülwassers besaß. Dies führte zu einer Volumenvergrößerung der eingeschlossenen Luft und damit zu einer Ausdehnung des Seifenfilms, der sich zwischen der Platte und dem Glasrand gebildet hatte. Aber nach und nach kühlte sich das Glas – und damit die darin befindliche Luft – ab, mit dem Resultat, daß die Seifenblasen schrumpften.

Die hier skizzierte Erklärung kann man als Argument dafür auffassen, daß das zu erklärende Phänomen, das *Explanandum-Phänomen*, angesichts gewisser erklärender Tatsachen zu erwarten war. Diese Tatsachen zerfallen in zwei Klassen: (i) in besondere, singuläre Sachverhalte und (ii) in Gesetzmäßigkeiten, die mittels allgemeiner Gesetze darstellbar sind. Die erste Klasse enthält Tatsachen wie die folgenden: die Gläser waren in Seifenwasser getaucht worden, das eine beträchtlich höhere Temperatur besaß, als die Luft außen herum; sie wurden, mit dem Rand nach unten, auf eine Platte gestellt, auf der sich eine Seifenwasserpfütze gesammelt hatte, die einen zusammenhängenden Seifenfilm bildete, usw. Die zweite Klasse erklärender Tatsachen würde man durch die Gasgesetze und verschiedene andere Gesetze ausdrücken, die den Wärmeaustausch zwischen Körpern unterschiedlicher Temperatur, das elastische Verhalten von Seifenblasen u. a. betreffen. Auch wenn auf einige dieser Gesetze nur durch Formulierungen hingewiesen wird wie ›das Erwärmen der eingeschlossenen Luft führte zu einem Druckanstieg‹ und andere nicht einmal in solch indirekter Weise erwähnt werden, setzt man sie sicher bei der Behauptung voraus, daß gewisse Zustände des Prozesses gewisse andere als ihr Resultat nach sich zogen. Wenn wir uns die verschiedenen ausdrücklich angegebenen oder verschwiegenen Erklärungsannahmen vollständig formuliert vorstellen, dann läßt sich die Erklärung als ein deduktives Argument folgender Gestalt auffassen:

$$\text{(D-N)} \qquad \frac{\begin{array}{c} A_1, A_2, \ldots, A_k \\ G_1, G_2, \ldots, G_r \end{array}}{E} \qquad \begin{array}{l} \text{Explanans } S \\ \\ \text{Explanandum-Satz} \end{array}$$

Hierbei sind $A_1, A_2, \ldots, A_k$ Sätze, die die betroffenen speziellen Sachverhalte beschreiben, und $G_1, G_2, \ldots, G_r$ sind die allgemeinen Gesetze, auf denen die Erklärung beruht. Wir wollen sagen, daß diese Sätze zusammen das *Explanans S* bilden, wobei man sich *S* entweder als Menge der erklärenden Sätze oder als deren Konjunktion vorstellen kann. Die Konklusion *E* des Arguments ist ein Satz, der das Explanandum-Phänomen beschreibt; ich werde *E* den Explanandum-Satz oder die Explanandum-Aussage nennen; das Wort ›Explanandum‹ allein wird so verwendet, daß es sich entweder auf das Explanandum-Phänomen oder auf den Explanandum-Satz bezieht: der jeweilige Kontext wird zeigen, was gemeint ist.

Die Erklärungsart, deren logische Struktur durch das D-N-Schema angedeutet wird, soll *deduktiv-nomologische Erklärung* oder kurz *D-N-Erklärung* heißen; denn sie bewirkt eine deduktive Subsumption des Explanandums unter Prinzipien, die den Charakter allgemeiner Gesetze besitzen. Eine D-N-Erklärung beantwortet die Frage ›Warum trat das Explanandum-Phänomen auf?‹ also durch den Nachweis, daß sich das Phänomen aufgrund gewisser besonderer Umstände, wie sie in $A_1, A_2, \ldots, A_k$ spezifiert werden, in Übereinstimmung mit den Gesetzen $G_1, G_2, \ldots, G_r$ einstellte. Durch diesen Nachweis zeigt das Argument, daß unter der Voraussetzung der besonderen Umstände und der fraglichen Gesetze das Auftreten des Phänomens *zu erwarten war*; und genau in diesem Sinne ermöglicht die Erklärung es uns, zu *verstehen, warum* das Phänomen eintrat.

[Carl Gustav Hempel: Aspekte wissenschaftlicher Erklärung]

XII. Kunst

Was ist Kunst? Die Frage, was Kunst ist, kann einerseits als Frage verstanden werden von welcher Art Ding ein Kunstwerk ist, z. B. ein materieller, geistiger oder abstrakter Gegenstand, und andererseits als Frage, was ein Kunstwerk von anderen Dingen unterscheidet, die keine Kunstwerke sind. Diese Fragen sind analog zu Fragen, die sich im Zusammenhang mit Handlungen stellen, wie der amerikanische Philosoph Arthur Danto (geb. 1924) in seinem Buch *Die Verklärung des Gewöhnlichen* aufzeigt (Text 1). So wie man eine Bewegung, die sich äußerlich nicht von einer anderen unterscheidet, im einen Fall als Handlung bezeichnet und im anderen nicht, so kann man auch ein Objekt, das sich äußerlich nicht von einem anderen unterscheidet, im einen Fall als Kunstwerk bezeichnen und im anderen nicht. Jedenfalls ist dies so, seit der Kunstbegriff zu Beginn des 20. Jahrhunderts mit Marcel Duchamps berühmter Ausstellung auf Gebrauchsgegenstände wie Urinale ausgeweitet wurde. Als Antwort auf die Frage, was ein Kunstwerk von anderen Dingen unterscheidet, schlug George Dickie in seiner Institutionstheorie der Kunst die ästhetische Bedingung vor, dass ein Kunstwerk ein Kandidat der Wertschätzung sei. Dies ist eine der Bedingungen, die Arthur Danto in seinem Buch diskutiert (Text 2).

1. Arthur Danto: Kunstwerke und reine reale Dinge

Wir wollen ein Gemälde betrachten, das einst von der dänischen Geistesgröße Sören Kierkegaard beschrieben wurde. Es ist ein Gemälde der Israeliten, die das Rote Meer durchquerten. Bei seiner Betrachtung sieht man etwas ganz anderes als das, was man bei einem Gemälde mit diesem Sujet erwarten würde, etwa wenn man sich vorstellt, was ein Künstler wie Poussin oder Altdorfer gemalt hätte: Scharen von Menschen, in verschiedenen Haltungen der Panik, von der Last ihres entwurzelten Lebens gebeugt, in der Ferne die berittene Streitmacht der ägyptischen Armee im Anmarsch. Statt dessen gibt es hier ein Viereck aus roter Farbe, zu dem der Künstler erklärte: »Die Israeliten waren schon vorbeigezogen, und die Ägypter waren ertrunken.« Kierkegaard sagt dazu, das Ergebnis seines Lebens gleiche diesem Gemälde. Die ganze geistige Unruhe – der Vater, auf der Heide Gott verfluchend, der Bruch mit Regine Olsen, die innere Suche nach christlichem Sinn, die fortwährende Polemik einer gequälten Seele –, sie mischen sich am Ende wie im Echo der Marabar-Höhlen zu »einer Stimmung, einer einzigen Farbe«.

Stellen wir nun neben das von Kierkegaard beschriebene Gemälde ein anderes, genau gleiches, von dem wir annehmen, es sei von einem dänischen Porträtisten gemalt worden, der mit ungeheurem psychologischen Einfühlungsvermögen ein Werk mit dem Titel »Kierkegaards Stimmung« geschaffen hat. Und in diesem Sinne wollen wir uns nun eine ganze Reihe von roten Rechtecken vorstellen, eines neben dem anderen. Neben diese beiden stellen wir den »Roten Platz«, ein geistreiches Stück Moskauer Landschaft, das den ersten beiden ebenso ähnlich ist, wie sie ihrerseits einander genau gleichen. [...]

Im Bereich der Handlungstheorie hat es sich als lehrreich erwiesen, in der Art Wittgensteins zu fragen, *was* übrigbleibt, wenn man von der Tatsache, daß man den Arm gehoben hat, die Tatsache subtrahiert, daß der Arm hochgeht. Ich bin überzeugt, daß Wittgensteins bevorzugte Antwort auf diese para-arithmetische Frage »Null« heißt; daß das Heben meines Arms und das Hochgehen des Arms identisch sind: wie G. E. Anscombe in *Intention* sagt: »Ich *tue, was geschieht*«. Abgesehen von anderen Schwierigkeiten ist schwer einzusehen, wie diese radikale Antwort dem oben angeführten Beispiel standhalten könnte, weil der erhobene Arm nicht nur die Unterschiede zwischen Segnen und Mahnen unterbestimmt, sondern auch die zwischen irgendeiner Handlung einerseits und einem bloßen Reflex, einem Tick oder Krampf andererseits, bei dem der Arm sich sozusagen hebt, ohne vom Eigentümer gehoben zu werden; im Gegensatz zu einer Basishandlung von der Art, wie sie Christus in der Darstellung meines Erachtens ausführen soll. Der Unterschied zwischen einer Basishandlung und einer bloßen Körperbewegung läßt sich in mancher Hinsicht mit den Unterschieden zwischen einem Kunstwerk und einem bloßen Ding gleichsetzen, und der Subtraktionsstreit läßt sich hier vergleichen mit einer anderen Subtraktionsfrage: Was bleibt übrig, wenn wir das rote Leinwandrechteck vom »Roten Platz« subtrahieren? Obwohl es im Anklang an Wittgenstein verlockend ist, zu sagen, daß nichts übrigbleibt, daß der »Rote Platz« eben *nur* dieses rote Leinwandviereck ist – oder, etwas gewichtiger und allgemeiner gesagt, daß das Kunstwerk nur das Material ist, aus dem es gemacht wurde –, ist schwer einzusehen, wie diese glaubwürdige Theorie einem Beispiel standhalten kann, bei dem so etwas wie ein rotes Viereck sowohl die Unterschiede zwischen »Die Israeliten durchqueren das Rote Meer« und »Kierkegaards Stimmung« unterbestimmt als auch die philosophisch tieferen Unterschiede zwischen diesen beiden und dem roten Viereck, das kein Kunstwerk war, sondern ein bloßes Ding – zumindest bis es von J. gerettet wurde.

Wittgensteins Nachfolger erkannten im Bereich der Handlung, daß doch etwas übrigbleibt. Daraus ergab sich eine Formel, nach der eine Handlung eine Körperbewegung plus *x* ist, woraus sich dann kraft Strukturgleichheit eine Formel ergibt, nach der ein Kunstwerk ein materielles Objekt plus *y* ist; und das Problem in beiden Bereichen besteht nun darin, auf irgendeinem philosophisch respektablen Weg jeweils eine Lösung für *x* und für *y* zu finden.

[Arthur Danto: Die Verklärung des Gewöhnlichen]

2. *Arthur Danto: Kunst und Wertschätzung*

In der von George Dickie in seiner einflußreichen Institutionstheorie der Kunst formulierten Kunstdefinition wurde eine ästhetische Bedingung als notwendig erachtet. Ein Kunstwerk ist ein »Kandidat der Wertschätzung« [*a candidate for appreciation*]; ein Status, der einem Kunstwerk von der »Kunstwelt«, in Dickies Wortgebrauch, übertragen wird – von einer institutionell ermächtigten Gruppe von Personen also, die sozusagen als Sachwalter für das verallgemeinerte *musée imaginaire* dienen, dessen Bewohner die Kunstwerke der Welt sind. »Wenn etwas nicht wertgeschätzt [*appreciated*] werden kann«, schreibt Dickie, »kann es kein Kunstwerk sein«. Dickie bestreitet, daß er speziell die ästhetische Wertschätzung meint, doch ein prominenter Kritiker, Ted Cohen, hat ihn genau so verstanden, und sein Argument hat für uns einige Bedeutung, wenn es stimmt. Es besagt, daß es bestimmte Objekte gibt, die *nicht* wertgeschätzt werden *können* und deshalb nach Dickies eigener kontrapositiver [»wenn nicht B, dann nicht A« anstelle des äquivalenten »wenn A, dann B«] Formulierung keine Kunstwerke sein können. Deshalb ist die rechtmäßige Zugehörigkeit zur Kunstwelt an die restriktiven Bedingungen der Wertschätzbarkeit gebunden, und sie kann nicht einfach durch Machtspruch etwas zum Kunstwerk erklären. Es gibt also zumindest negative Bedingungen dafür, was ein Kunstwerk sein kann, und dies ist offensichtlich nicht ausschließlich eine institutionelle Angelegenheit, wie Dickie behauptet.

[...] Gleichwohl gibt es bei dieser Position, wie sie von Cohen verteidigt wird, zwei Schwierigkeiten. Zu den angeblich gegen ästhetische Wertschätzung immunen Objekten zählt Cohen »gewöhnliche Reißnägel, billige weiße Briefumschläge, die Plastikgabeln in einem Schnellimbiß« und ganz besonders »Urinale«. Ich weiß nun nicht, ob er damit behauptet, sie könnten nicht gewürdigt werden, oder ob er sagen will, sie könnten einfach nicht vorteilhaft gewürdigt werden. Termini wie »billig«, »gewöhnlich« und »Plastik« sind Ausdrücke der Abneigung, und es ist nicht klar, ob selbst nach Dickies Kriterium jedes von der Kunstwelt zum Status eines Kunstwerks erhobene Objekt *ipso facto* [aufgrund genau dieser Tatsache] vorteilhaft eingeschätzt werden muß. Zieht man den Text heran, so sagt Dickie tatsächlich etwa das Folgende: »Ich behaupte, daß jedes Kunstwerk minimalen *potentiellen* Wert oder *potentielle* Würdigkeit [*value or worthiness*] besitzen muß.« Ästhetische Eigenschaften umfassen jedoch, wie mir scheint, auch negative Überlegungen; wir sind von bestimmten Kunstwerken abgestoßen, angewidert oder sogar angeekelt. Die Anwendung des Attributs ›Kunstwerk‹ auf vorteilhafte Fälle einzuschränken, käme der Ansicht gleich, moralische Erwägungen entstünden nur bei Personen und Handlungen, die »minimalen potentiellen Wert oder potentielle Würdigkeit« besitzen. Obschon es in allem etwas Gutes geben mag, würde die Moraltheorie sich doch besser mit dem Schwein, dem Bösen, dem moralisch Trägen, dem Schlechten, Widerwärtigen und Mediokren befassen. Somit kann »Wertschätzung«, zumindest die ästhetische, auch negativ sein, und gerade die Art, wie Cohen die Adjektive verwendet, sagt uns einiges darüber, wie er Wegwerfgabeln, vulgäre Briefumschläge und gewöhnliche Reißnägel (im Gegensatz zu Stecknadeln?) wertschätzt. Es würde mich wundern, wenn die negative ästhetische Wertschätzung zur Folge hätte, daß die Objekte, die sie auslösten, keine Kunstwerke sein könnten.

[Arthur Danto: Die Verklärung des Gewöhnlichen]

XIII. Mensch

Was ist der Mensch? Diese Frage umfasst nach Kant, was er als die fundamentalen Fragen der Philosophie erachtet: Was kann ich wissen? Was soll ich tun? Was darf ich hoffen? Gewöhnlich wird in der philosophischen Anthropologie ein bescheideneres Ziel verfolgt: Es werden Eigenschaften gesucht, die den Menschen auszeichnen. Aristoteles charakterisiert den Menschen als gesellschaftliches Wesen (*zoon politikon*). Karl Marx (1818–1883), der zusammen mit Friedrich Engels den Historischen Materialismus und den Kommunismus entwickelte, interpretiert die Geschichte der Menschheit als bestimmt von den materiellen Bedürfnissen einerseits und der gesellschaftlichen Ordnung andererseits. Zu den Produktivkräften gehören alle Ressourcen, die zur Produktion von Waren beitragen, in erster Linie die Menschen. Die Produktionsverhältnisse sind die Beziehungen, welche die Menschen bei der Produktion von Waren miteinander eingehen (Text 1). Vielfach, insbesondere in der christlichen Tradition, wurde versucht, den Menschen als ein Wesen zu charakterisieren, das sich auf einer Stufe zwischen Tier und Gott befindet. Dieses Selbstbild des Menschen wurde im 19. Jahrhundert durch die von Charles Darwin (1809–1882) entwickelte Evolutionstheorie erschüttert. Gegen dieses Selbstbild argumentiert auch Friedrich Nietzsche (1844–1900). Er verkündet den Tod Gottes und damit das Ende der traditionellen Vorstellungen von »gut« und »böse« sowie die Entstehung eines neuen Menschen (Text 2). Die französische Philosophin Simone de Beauvoir (1908–1986) untersucht in ihrem Buch *Das andere Geschlecht* (1949) in der Tradition von Marx und Engels die materiellen Grundlagen der Entwicklung der Lage der Frau. Sie unterzieht Vorurteile gegenüber Frauen und dem »Wesen« der Frau einer grundlegenden Kritik und stellt die These auf: »Man kommt nicht als Frau zur Welt, man wird es« (Text 3). Die jüdische Philosophin Hannah Arendt (1906–1975) schrieb eine Reportage zum Prozess gegen einen der Hauptverantwortlichen der Judenvernichtung, Adolf Eichmann. In diesem Essay untersucht sie auch die Frage, was Eichmann dazu führte, eine solche Tat zu vollziehen (Text 4). Die amerikanische Philosophin Martha C. Nussbaum (geb. 1947) entwickelt in Anschluss an die antiken Stoiker eine kognitive Theorie der Emotionen (Text 5).

*1. Karl Marx:
Der Mensch in Produktionsverhältnissen*

Meine Untersuchung mündete in dem Ergebnis, daß Rechtsverhältnisse wie Staatsformen weder aus sich selbst zu begreifen sind noch aus der sogenannten allgemeinen Entwicklung des menschlichen Geistes, sondern vielmehr in den materiellen Lebensverhältnissen wurzeln, deren Gesamtheit Hegel, nach dem Vorgang der Engländer und Franzosen des 18. Jahrhunderts, unter dem Namen »bürgerliche Gesellschaft« zusammenfaßt, daß aber die Anatomie der bürgerlichen Gesellschaft in der politischen Ökonomie zu suchen sei. Die Erforschung der letztern, die ich in Paris begann, setzte ich fort zu Brüssel, wohin ich infolge eines Ausweisungsbefehls des Herrn Guizot übergewandert war. Das allgemeine Resultat, das sich mir ergab und, einmal gewonnen, meinen Studien zum Leitfaden diente, kann kurz so formuliert werden: In der gesellschaftlichen Produktion ihres Lebens gehen die Menschen bestimmte, notwendige, von ihrem Willen unabhängige Verhältnisse ein, Produktionsverhältnisse, die einer bestimmten Entwicklungsstufe ihrer materiellen Produktivkräfte entsprechen. Die Gesamtheit dieser Produktionsverhältnisse bildet die ökonomische Struktur der Gesellschaft, die reale Basis, worauf sich ein juristischer und politischer Überbau erhebt, und welcher bestimmte gesellschaftliche Bewußtseinsformen entsprechen. Die Produktionsweise des materiellen Lebens bedingt den sozialen, politischen und geistigen Lebensprozeß überhaupt. Es ist nicht das Bewußtsein der Menschen, das ihr Sein, sondern umgekehrt ihr gesellschaftliches Sein, das ihr Bewußtsein bestimmt. Auf einer gewissen Stufe ihrer Entwicklung geraten die materiellen Produktivkräfte der Gesellschaft in Widerspruch mit den vorhandenen Produktionsverhältnissen oder, was nur ein juristischer Ausdruck dafür ist, mit den Eigentumsverhältnissen, innerhalb deren sie sich bisher bewegt hatten. Aus Entwicklungsformen der Produktivkräfte schlagen diese Verhältnisse in Fesseln derselben um. Es tritt dann eine Epoche sozialer Revolution ein. Mit der Veränderung der ökonomischen Grundlage wälzt sich der ganze ungeheure Überbau langsamer oder rascher um. In der Betrachtung solcher Umwälzungen muß man stets unterscheiden zwischen der materiellen, naturwissenschaftlich treu zu konstatierenden Umwälzung in den ökonomischen Produktionsbedingungen und den juristischen, politischen, religiösen, künstlerischen oder philosophischen, kurz, ideologischen Formen, worin sich die Menschen dieses Konflikts bewußt werden und ihn ausfechten. Sowenig man das, was ein Individuum ist, nach dem beurteilt, was es sich selbst dünkt, ebensowenig kann man eine solche Umwälzungsepoche aus ihrem Bewußtsein beurteilen, sondern muß vielmehr dies Bewußtsein aus den Widersprüchen des materiellen Lebens, aus dem vorhandenen Konflikt zwischen gesellschaftlichen Produktivkräften und Produktionsverhältnissen erklären.

[Karl Marx: Zur Kritik der politischen Ökonomie, Vorrede]

2. Friedrich Nietzsche: Vom höheren Menschen

1.

Als ich zum ersten Male zu den Menschen kam, da that ich die Einsiedler-Thorheit, die grosse Thorheit: ich stellte mich auf den Markt.

Und als ich zu Allen redete, redete ich zu Keinem. Des Abends aber waren Seiltänzer meine Genossen, und Leichname; und ich selber fast ein Leichnam.

Mit dem neuen Morgen aber kam mir eine neue Wahrheit: da lernte ich sprechen »Was geht mich Markt und Pöbel und Pöbel-Lärm und lange Pöbel-Ohren an!«

Ihr höheren Menschen, Diess lernt von mir: auf dem Markt glaubt Niemand an höhere Menschen. Und wollt ihr dort reden, wohlan! Der Pöbel aber blinzelt »wir sind Alle gleich.«

»Ihr höheren Menschen, – so blinzelt der Pöbel – es giebt keine höheren Menschen, wir sind Alle gleich, Mensch ist Mensch, vor Gott – sind wir Alle gleich!«

Vor Gott! – Nun aber starb dieser Gott. Vor dem Pöbel aber wollen wir nicht gleich sein. Ihr höheren Menschen, geht weg vom Markt!

2.

Vor Gott! – Nun aber starb dieser Gott! Ihr höheren Menschen, dieser Gott war eure grösste Gefahr.

Seit er im Grabe liegt, seid ihr erst wieder auferstanden.

Nun erst kommt der grosse Mittag, nun erst wird der höhere Mensch – Herr!

Verstandet ihr diess Wort, oh meine Brüder? Ihr seid erschreckt: wird euren Herzen schwindlig? Klafft euch hier der Abgrund? Kläfft euch hier der Höllenhund?

Wohlan! Wohlauf! Ihr höheren Menschen! Nun erst kreisst der Berg der Menschen-Zukunft. Gott starb: nun wollen wir, – dass der Übermensch lebe.

3.

Die Sorglichsten fragen heute: »wie bleibt der Mensch erhalten?« Zarathustra aber fragt als der Einzige und Erste: »wie wird der Mensch überwunden?«

Der Übermensch liegt mir am Herzen, der ist mein Erstes und Einziges, – und nicht der Mensch: nicht der Nächste, nicht der Ärmste, nicht der Leidendste, nicht der Beste –

Oh meine Brüder, was ich lieben kann am Menschen, das ist, dass er ein Übergang ist und ein Untergang. Und auch an euch ist Vieles, das mich lieben und hoffen macht.

Dass ihr verachtetet, ihr höheren Menschen, das macht mich hoffen. Die grossen Verachtenden nämlich sind die grossen Verehrenden.

Dass ihr verzweifeltet, daran ist Viel zu ehren. Denn ihr lerntet nicht, wie ihr euch ergäbet, ihr lerntet die kleinen Klugheiten nicht.

Heute nämlich wurden die kleinen Leute Herr: die predigen alle Ergebung und Bescheidung und Klugheit und Fleiss und Rücksicht und das lange Und-so-weiter der kleinen Tugenden.

Was von Weibsart ist, was von Knechtsart stammt und sonderlich der Pöbel-Mischmasch: Das will nun Herr werden alles Menschen-Schicksals – oh Ekel! Ekel! Ekel!

Das frägt und frägt und wird nicht müde: »wie erhält sich der Mensch, am besten, am längsten, am angenehmsten?« Damit – sind sie die Herrn von Heute.

Diese Herrn von Heute überwindet mir, oh, meine Brüder, – diese kleinen Leute: die sind des Übermenschen grösste Gefahr!

Überwindet mir, ihr höheren Menschen, die kleinen Tugenden, wie kleinen Klugheiten, die Sandkorn-Rücksichten, den Ameisen-Kribbelkram, das erbärmliche Behagen, das »Glück der Meisten« –!

Und lieber verzweifelt, als dass ihr euch ergebt. Und, wahrlich, ich liebe euch dafür, dass ihr heute nicht zu leben wisst, ihr höheren Menschen! So nämlich lebt ihr – am Besten!

[Friedrich Nietzsche: Also sprach Zarathustra. Ein Buch für Alle und Keinen]

3. Simone de Beauvoir: Das andere Geschlecht

Die Theorie des historischen Materialismus hat überaus wichtige Wahrheiten an den Tag gebracht. Die Menschheit ist keine Tierart: sie ist eine historische Realität. Die menschliche Gesellschaft ist eine Antiphysis: sie läßt das Vorhandensein der Natur nicht passiv über sich ergehen, sondern macht sie sich zunutze. Diese Nutzbarmachung ist keine innere, subjektive Operation: sie vollzieht sich objektiv in der Praxis. So kann auch die Frau nicht bloß als geschlechtlicher Organismus gesehen werden, denn nur jene biologischen Gegebenheiten sind wichtig, die im Handeln einen konkreten Wert bekommen. Das Bewußtsein, das die Frau von sich erlangt, wird nicht allein durch ihre Sexualität bestimmt: es spiegelt eine Situation wider, die von der ökonomischen Struktur der Gesellschaft abhängt, einer Struktur, die den Grad der technischen Entwicklung zeigt, den die Menschheit erreicht hat. Ich habe dargelegt, daß die Frau biologisch von zwei wesentlichen Zügen charakterisiert wird: ihr Zugriff auf die Welt ist weniger umfassend als der des Mannes, und sie ist stärker der Art unterworfen. Aber diese Tatsachen bekommen je nach dem ökonomischen und sozialen Zusammenhang einen ganz verschiedenen Stellenwert. [...]

[...] Es stimmt, daß die Arbeitsteilung nach Geschlechtern und die daraus resultierende Unterdrückung in manchen Punkten an die Einteilung in Klassen erinnert, aber man muß beides auseinanderhalten: die Aufspaltung in Klassen hat keinerlei biologische Grundlage. Bei der Arbeit gelangt der Knecht gegen den Herrn zum Bewußtsein von sich selbst. Das Proletariat hat seine Lage immer in der Auflehnung erfahren, womit es auf das Wesentliche zurückkam und für seine Ausbeuter eine Gefahr darstellte. Was es anvisiert, ist sein Verschwinden als Klasse. In der Einleitung wurde gesagt, wie anders die Situation der Frau ist, besonders aufgrund der Lebens- und Interessengemeinschaft, die sie mit dem Mann solidarisch macht, und durch das Einverständnis, das er bei ihr findet: in ihr regt sich kein Wunsch nach Revolution, sie könnte sich ja als Geschlecht nicht abschaffen. Sie verlangt nur, daß bestimmte Konsequenzen der Geschlechtertrennung aufgehoben werden.

Noch gravierender ist, daß man die Frau nicht, ohne unaufrichtig zu sein, einzig als Arbeiterin betrachten kann: ebenso wichtig wie ihre Produktivkraft ist, sowohl in der gesellschaftlichen Ökonomie wie im Individualleben, ihre Fortpflanzungsfunktion. Es gibt Zeiten, in denen es nützlicher ist, Kinder zu gebären als den Pflug zu führen. Engels hat das Problem umgangen, indem er lediglich erklärte, die sozialistische Gemeinschaft werde die Familie abschaffen: eine ziemlich abstrakte Lösung. Bekanntlich mußte die Sowjetunion ihre Familienpolitik je nach den sich verschiebenden unmittelbaren Bedürfnissen der Produktion und der Besiedlung oft und radikal ändern. Außerdem bedeutet die Abschaffung der Familie nicht zwangsläufig die Befreiung der Frau: das Beispiel Sparta und das des Naziregimes beweisen, daß die Frau, auch wenn sie unmittelbar dem Staat unterstellt ist, deshalb von den Männern nicht weniger unterdrückt werden kann. Eine wahrhaft sozialistische Ethik, d.h. eine Ethik, die nach Gerechtigkeit strebt, ohne die Freiheit zu unterdrücken, die den Individuen Pflichten auferlegt, ohne jedoch die Individualität aufzuheben, wird es schwer haben, mit den Problemen fertig zu werden, die die Lage der Frau aufwirft. Es ist unmöglich, die Schwangerschaft einfach mit einer Arbeit oder einem Dienst wie etwa dem Militärdienst gleichzusetzen. Man greift tiefer in das Leben der Frau ein, wenn man Kinder von ihr verlangt, als wenn man die Betätigungen der Bürger reglementiert: kein Staat hat je gewagt, den Pflichtcoitus einzuführen. Im Geschlechtsakt und in der Mutterschaft setzt die Frau nicht nur Zeit und Kräfte, sondern wesentliche Werte ein. [...]

Man kann die Frau nicht offen zwingen, Kinder zu bekommen, man kann sie höchstens in Situationen einsperren, in denen die Mutterschaft der einzige Ausweg für sie ist: das Gesetz oder die Sitten zwingen ihr die Ehe auf, Verhütungsmaßnahmen und Abtreibung sind verboten, die Scheidung ist untersagt. Eben diese alten Zwangsmaßnahmen des Patriarchats hat die Sowjetunion wiedereingeführt. Sie hat die paternalistischen Ehetheorien wiederbelebt, die dazu geführt haben, daß von der Frau wieder verlangt wurde, sich zum erotischen Objekt zu machen: kürzlich wurden die Sowjetbürgerinnen in einer Rede aufgefordert, sich gepflegt zu kleiden, Schminke zu benutzen und kokett zu werden, um ihre Männer festzuhalten und sie erotisch zu reizen. Wie dieses Beispiel zeigt, kann man die Frau unmöglich einzig als Produktivkraft betrachten: sie ist für den Mann Sexualpartnerin, Fortpflanzungsgarantin, erotisches Objekt, eine Andere, über die er sich selbst sucht. [...]

[Simone de Beauvoir: Das andere Geschlecht. Sitte und Sexus der Frau]

4. Hannah Arendt: Die Banalität des Bösen

Ein erstes Anzeichen von Eichmanns vager Vorstellung, daß in dieser ganzen Angelegenheit mehr zur Diskussion stehen könnte als die Frage, ob der Soldat auch Befehlen gehorchen müsse, die ihrer Natur und ihrer Absicht nach eindeutig verbrecherisch sind, ergab sich während des Polizeiverhörs, als er plötzlich mit großem Nachdruck beteuerte, sein Leben lang den Moralvorschriften Kants gefolgt zu sein, und vor allem im Sinne des kantischen Pflichtbegriffs gehandelt zu haben. Das klang zunächst nur empörend und obendrein unverständlich, da Kants Morallehre so eng mit der menschlichen Fähigkeit zu urteilen, also dem Gegenteil von blindem Gehorsam, verbunden ist. Der verhörende Offizier hatte sich darauf nicht weiter eingelassen, doch Richter Raveh, ob nun aus Neugier oder aus Entrüstung über Eichmanns Versuch, im Zusammenhang mit seinen Untaten sich auf Kant zu berufen, entschloß sich, den Angeklagten hierüber zu befragen. Und zu jedermanns Überraschung konnte Eichmann eine ziemlich genaue Definition des kategorischen Imperativs vortragen: »Da verstand ich darunter, daß das Prinzip meines Wollens und das Prinzip meines Strebens so sein muß, daß es jederzeit zum Prinzip einer allgemeinen Gesetzgebung erhoben werden könnte«, was auf Diebstahl oder Mord z.B. nicht gut anzuwenden ist, da der Dieb oder Mörder unmöglich in einem Rechtssystem leben wollen kann, das anderen das Recht gibt, ihn zu bestehlen oder zu ermorden. Auf weitere Befragung fügte er hinzu, daß er Kants Kritik der praktischen Vernunft gelesen habe. Weiter erklärte er, daß er in dem Augenblick, als er mit den Maßnahmen zur »Endlösung« beauftragt wurde, aufgehört habe, nach kantischen Prinzipien zu leben, er habe das gewußt und habe sich mit den Gedanken getröstet, nicht länger »Herr über mich selbst« gewesen zu sein – »ändern konnte ich nichts«. Was er dem Gericht darzulegen unterließ, war, daß er in jener

»Zeit ... der von Staats wegen legalisierten Verbrechen«, wie er sie jetzt selber nannte, die Kantische Formel nicht einfach als überholt beiseite getan hat, sondern daß er sie sich vielmehr so zurechtbog, bis sie ihm im Sinne von Hans Franks Neuformulierung »des kategorischen Imperativs im Dritten Reich«, die Eichmann gekannt haben mag, befahl: »Handle so, daß der Führer, wenn er von deinem Handeln Kenntnis hätte, dieses Handeln billigen würde« [...]. Natürlich ist es Kant nie in den Sinn gekommen, das Prinzip des Handelns einfach mit dem Prinzip des jeweiligen Gesetzgebers eines Landes oder den in ihm jeweils geltenden Gesetzen zu identifizieren, da für ihn ja jeder Bürger im Augenblick seines Handelns selbst Gesetzgeber wird durch den Gebrauch seiner »praktischen Vernunft«. Dennoch entspricht Eichmanns unbewußte Entstellung dem, was er selbst »den kategorischen Imperativ für den Hausgebrauch des kleinen Mannes« nannte. In diesem »Hausgebrauch« bleibt von Kants Geist nur noch die moralische Forderung übrig, nicht nur dem Buchstaben des Gesetzes zu gehorchen und sich so in den Grenzen der Legalität zu halten, sondern den eigenen Willen mit dem Geist des Gesetzes zu identifizieren – mit der Quelle, der das Gesetz entsprang. In Kants Philosophie war diese Quelle die praktische Vernunft; im Hausgebrauch, den Eichmann von ihr machte, war diese Quelle identisch geworden mit dem Willen des Führers.

[Hannah Arendt: Eichmann in Jerusalem.
Ein Bericht von der Banalität des Bösen]

5. Martha C. Nussbaum: Die kognitive Theorie der Emotionen

Die These, die Gefühle seien in gewissem Maße sozial konstruiert, beruht in der Form, in der ich sie verfechten werde, auf einer kognitiven Auffassung des Gefühls – auf einer Auffassung also, wonach Wahrnehmungen und Überzeugungen einer bestimmten Art beim Empfinden der Gefühle eine ausschlaggebende Rolle spielen. Wir werden sehen, daß eine kognitive Auffassung zwar notwendig ist für die hier von mir befürwortete Form der These von der sozialen Konstruktion, ohne jedoch eine für diese These hinreichende Bedingung darzustellen. Um zu dieser These zu gelangen, werde ich weitere Argumente anführen und geltend machen, daß die menschliche Erkenntnis in dem relevanten Bereich sozial geprägt ist. Zunächst verfährt man jedoch am besten so, daß man die kognitive Auffassung selbst artikuliert und verteidigt. Diese Auffassung wiederum ist am besten zu verstehen, wenn man bei der theoretischen Gegenposition ansetzt – und damit zugleich bei der These, die von den Gegnern der sozialen Konstruktion in den meisten Fällen vertreten wird.

Der Gegner behauptet, Gefühle wie Kummer, Zorn, Angst und Liebe kämen ohne jede Form der kognitiven Weltdeutung aus. Diese Gefühle seien nichts weiter als gedankenlose Kräfte, von denen man als Person herumgestoßen wird. Sie sollen sich bewegen wie Windböen oder Meeresströmungen und so die betreffende Person antreiben, allerdings ohne Verstand und ohne einen Gegenstand im Blick oder gegenstandsbezogene Überzeugungen im Sinn zu haben. Diese Anschauung ist häufig mit der Vorstellung verknüpft, Gefühle würden nicht gelernt, sondern sie seien etwas »Naturgegebenes«, etwas »Angeborenes« oder »Körperliches«, denn das entspricht offenbar der für den Gegner bezeichnenden Darstellung, mit deren Hilfe er erklären will, wie diese gedankenlosen Kräfte dorthin gelangen und warum sie bei den meisten Menschen vorzukommen scheinen. Einen gewissen Einfluß hat diese Anschauung des Gegners auf die behavioristisch orientierte experimentelle Psychologie sowie auf volkstümliche Äußerungen und Gedanken zum Thema »Gefühl«. Nicht so gut angeschrieben ist diese Anschauung hingegen in der Philosophie. Auf diesem Gebiet haben sich die meisten bedeutenden Autoren der abendländischen Tradition und, soweit meine Kenntnisse reichen, auch der nichtabendländischen Traditionen für die eine oder andere Form der kognitiven Analyse ausgesprochen. Heute wird diese Anschauung in der Ethnologie ebenso uneingeschränkt abgelehnt wie in der Psychoanalyse und sogar in der kognitiven Psychologie, in der es, wie einer ihrer hervorragendsten Theoretiker ironisch feststellt, gerade gelungen ist, den Weg zurück einzuschlagen und sich bis zu dem gleichen Standpunkt durchzukämpfen, den Aristoteles in der *Rhetorik* vertritt. Hier stellt sich die Frage, welche Gründe diesen Sinneswandel herbeigeführt haben. Denn wenn man erkennt, welche Faktoren ausschlaggebend waren für den derzeit herrschenden Konsens bezüglich der kognitiven Analyse des Gefühls – die, wie bereits gesagt, wenn schon keine hinreichende, so doch eine notwendige Bedingung ist für das im Sinne der sozialen Konstruktion angegangene Projekt, das ich hier beschreiben werde –, wird man besser imstande sein, die für dieses Projekt sprechenden Argumente zu verstehen. Dazu benötigen wir ein Beispiel, und ein solches Beispiel entnehme ich der Tragödie *Die Troerinnen* von Euripides.

Hekabe kniet vor dem Schild ihres toten Sohnes Hektor. Auf dem Schild liegt der Leichnam ihres kleinen Enkels Astyanax. Da die siegreichen Befehlshaber der Griechen fürchteten, dieses Königskind könne ihnen später politischen Ärger bereiten, haben sie dafür gesorgt, daß der Kleine von der trojanischen Stadtmauer gestürzt wurde. Hekabe äußert ihren Gram in höchst leidenschaftlichen

Worten von lyrischer Schönheit und ruft sich dabei in Erinnerung, wie jeder Teil dieses jetzt leblos vor ihr liegenden Körpers früher voller Hoffnung gewesen war, voller Glanz, Humor und Liebe, indes sie sieht, wie das Gesicht, das ihr einst zulächelte, jetzt nichts anderes mehr ist als eine Masse aus zersplitterten Knochen und Blut. Zornentbrannt zeiht sie die Griechen der Grausamkeit und der Feigheit. Das menschliche Leben, stellt sie fest, ist ganz allgemein unbarmherzig und ohne sicheren Boden; die wichtigsten Dinge entziehen sich unserer Kontrolle und haben kein festes Fundament. Wie kommt es, daß die hier von Hekabe geäußerten Gefühle so anders wirken als die von unserem Gegner unterstellten geistlosen Strömungen?

Zunächst einmal haben Hekabes Gefühle ein Objekt: Ihr Gram gilt dem Tod ihres Enkels, und ihr Zorn richtet sich gegen seine Mörder. Diese Gefühle *beziehen sich auf* diese Objekte, und zwar in einer Weise, in der sich der Wind nicht auf den von ihm erfaßten Baum bezieht. Es gehört zum Inhalt des Gefühls selbst, daß es auf das Objekt gerichtet ist, und außerdem enthält das Gefühl eine Vorstellung von dem Objekt, so daß dieses in der gleichen Weise in den Blick kommt, in der es von der betreffenden Person gedeutet und gesehen wird. Von Hekabes Gram wird Astyanax als etwas überaus Wichtiges und zugleich als etwas unwiderruflich von ihr Getrenntes gesehen; von ihrem Zorn werden die Griechen als schuldhafte Missetäter und ihre Missetat als etwas Schlimmes und Gravierendes gesehen. Dieser Bezug wird dadurch hergestellt, daß Hekabe die Dinge in aktiver Weise sieht und interpretiert. Das ist nicht so, als würde ihr ein Schnappschuß des Objekts gegeben, sondern dazu ist nötig, daß sie das Objekt sozusagen durch ihr eigenes Interpretationsfenster betrachtet. Daß diese Wahrnehmung ein zutreffendes Bild des Objekts enthält, ist möglich, aber es könnte sich auch anders verhalten. Ausschlaggebend ist das, was Hekabe denkt: Wäre der Junge nicht von den Griechen, sondern von einem Trupp skythischer Eroberer getötet worden, würde ihr Zorn dennoch den Griechen gelten, bis sie von diesem Sachverhalt etwas erführe, denn aus ihrer Sicht sind die Griechen die Übeltäter.

Damit wird ein weiterer Gedanke deutlich, der diese Gefühle betrifft: Sie beinhalten nicht nur Sichtweisen, sondern auch Überzeugungen; und wie schon Aristoteles betont, reagieren die Gefühle sehr genau auf Änderungen der Überzeugungen. Falls Hekabe zu der Überzeugung gelangt, ihr Enkel sei nicht von den Griechen, sondern von skythischen Eroberern ermordet worden, wird sich ihr Zorn einem anderen Objekt zuwenden. Sollte sie herausfinden, daß Astyanax gar nicht umgebracht wurde, sondern zufällig von der Mauer gestürzt ist, wird sie auf niemanden mehr zornig sein und ihren Schmerz auf ganz andere Weise empfinden. Wenn sie feststellt, daß es sich bei dem Leichnam zu ihren Füßen doch nicht um ihren Enkel handelt, sondern um eine in die Gewänder des Kindes gekleidete Puppe, wird sie ganz aufhören, Gram zu empfinden.

Damit gelange ich zum letzten Punkt, der in mancher Hinsicht der wichtigste von allen ist. Hekabes Gefühle beinhalten mehrere Überzeugungen, unter anderem Überzeugungen darüber, welche Ereignisse stattgefunden bzw. nicht stattgefunden haben und wer für sie verantwortlich ist. Eine besonders hervorstechende Rolle spielen bei diesen Gefühlen jedoch Überzeugungen einer ganz besonderen Art, nämlich Überzeugungen im Hinblick auf Wert, Würdigkeit und Auffälligkeit. Gerade weil Hekabe dem Leben ihres Enkels so ungeheure Bedeutung beilegt, wirkt sein Tod so niederschmetternd auf sie, und das in einer Weise, in der sie der Tod eines Fremden nicht treffen würde. Wieder ist der Umstand, daß der Tod des Kindes in ihrem Leben eine derart herausragende Rolle spielt, der Grund dafür, daß ihr Zorn so heftig ist; die Zerstörung eines Trinkbechers würde sie nicht in der gleichen Weise berühren. Und auch diese Überzeugungen können sich ändern. Die griechischen Stoiker mit ihrer Lehre von der Bedeutung der Unabhängigkeit behaupteten, daß sich diese Überzeugungen dahingehend ändern sollten, daß außer der eigenen Tugend gar nichts mehr von wirklicher Bedeutung zu sein scheint. Cicero berichtet, ein guter stoischer Vater habe auf die Nachricht vom Tod seines Sohnes mit den Worten geantwortet: »Daß ich einen Sterblichen gezeugt hatte, war mir schon vorher klar.«

Indem man zeigt, daß all dies auf die Art und Weise zutrifft, in der Wahrnehmungen und Überzeugungen die Gefühle beeinflussen, hat man im Grunde weder gezeigt, daß das Gefühlsleben starken sozialen Veränderungen unterliegt, noch daß die Gefühle in irgendeinem bedeutungsvollen Sinn »sozial konstruiert« sind. Allerdings ist damit der Nachweis erbracht, daß das Gefühlsrepertoire nicht angeboren ist, sondern durch Lernen erworben wird, und daß es grundsätzlich möglich ist, Gefühle dadurch zu verändern, daß man die Überzeugungen, auf denen sie beruhen, modifiziert. Es könnte jedoch einige Überzeugungen geben, die sich bei einem Lebewesen, das mit einer ungewissen Welt interagiert, nachgerade unvermeidlich herausbilden. Das sind Überzeugungen, die für die ganze Lebensform dieses Wesens so maßgeblich sind, daß die Vorstellung, sie könnten wegfallen oder in signifikanter Weise verändert werden, kaum Sinn hat. Und das entspricht offenbar in hohem Maße den Gegebenheiten im Bereich der Gefühle nichtmenschlicher Tiere.

[Martha C. Nussbaum: Konstruktionen der Liebe, des Begehrens und der Fürsorge]

XIV. Angewandte Ethik

Die angewandte Ethik ist die Anwendung von ethischen Prinzipien (s. Kap. IX) auf konkrete Fälle. Es soll geprüft werden, ob das Resultat dieser Anwendung unseren moralischen Intuitionen entspricht. Widerspricht das Resultat unserer moralischen Intuition, so kann dies bedeuten, dass wir entweder das Prinzip korrigieren oder unsere Intuition ändern sollten. Einige der zahlreichen Fragen der angewandten Ethik lauten: Dürfen wir Fleisch von Tieren essen? Wie sollen wir uns der Umwelt gegenüber verhalten? Welche sexuellen Praktiken sind moralisch erlaubt? Ist Abtreibung moralisch erlaubt? Und wenn ja, unter welchen Bedingungen? Ist Suizid moralisch erlaubt? Ist Beihilfe zum Suizid erlaubt? Wie sollen reiche Menschen sich gegenüber armen Menschen verhalten? Peter Singer (geb. 1942) gilt als ein Vorreiter der modernen Tierbefreiungsbewegung. In seinem Buch *Praktische Ethik* bezeichnet er die in industrialisierten Gesellschaften verbreitete Einstellung gegenüber Tieren als »Speziesismus« und stellt diese Einstellung damit auf dieselbe moralische Stufe wie den Rassismus (Text 1). In der Abtreibungsdebatte argumentiert Singer gegen die konservative Auffassung, dass Abtreibung moralisch nicht erlaubt sei (Text 2). Die amerikanische Philosophin Judith Jarvis Thomson (geb. 1929) formuliert ein feministisches Argument für den Schwangerschaftsabbruch (Text 3).

1. Peter Singer: Rassismus und Speziesismus

Wir pflegen die Unterdrückung von Minderheitengruppen, und Frauen zu den wichtigsten moralischen und politischen Fragen zu zählen, die heute die Welt bedrängen. Dies sind schwerwiegende Probleme, die den Zeitaufwand und die Energie jedes verantwortungsbewußten Menschen verdienen. Aber Tiere? Das Wohl von Tieren ist doch etwas ganz anderes, etwas für Hunde- oder Katzennarren. Wie kann jemand unsere Zeit damit vergeuden, Gleichheit für Tiere zu fordern, während so vielen Menschen die wirkliche Gleichheit vorenthalten wird?

In dieser Haltung drückt sich ein verbreitetes Vorurteil dagegen aus, die Interessen von Tieren ernst zu nehmen – ein Vorurteil, das nicht besser fundiert ist als das der weißen Sklavenhalter, die nicht bereit waren, die Interessen der afrikanischen Sklaven ernst zu nehmen. Es fällt uns leicht, die Vorurteile unserer Großeltern zu kritisieren, von denen sich unsere Eltern frei gemacht haben. Viel schwieriger ist es, uns von unseren eigenen Ansichten zu distanzieren, um leidenschaftslos nach Vorurteilen in unseren Überzeugungen und Wertvorstellungen Ausschau zu halten. Dazu ist allerdings eine Bereitschaft nötig, den Argumenten zu folgen, wohin auch immer sie führen, ohne im voraus anzunehmen, die Sache sei der Aufmerksamkeit nicht wert.

Das Argument für die Erweiterung des Prinzips der Gleichheit über unsere Spezies hinaus ist einfach – so einfach, daß es dazu lediglich bedarf, das Wesen des Prinzips der gleichen Interessenabwägung klar zu verstehen. Dieses Prinzip schließt […] ein, daß unsere Rücksicht auf andere nicht davon abhängig sein darf, was sie sind oder welche Fähigkeiten sie haben (obwohl genau das, was dieses Interesse uns zu tun aufgibt, nach den Eigenschaften derer variieren kann, die von dem, was wir tun, betroffen sind). Auf genau dieser Grundlage können wir behaupten: Die Tatsache, daß manche Menschen nicht unserer Rasse angehören, berechtigt uns nicht dazu, sie auszubeuten, und ebenso bedeutet die Tatsache, daß manche Menschen weniger intelligent sind als andere, nicht, daß ihre Interessen mißachtet werden dürfen. Aber das Prinzip impliziert auch folgendes: Die Tatsache, daß bestimmte Wesen nicht zu unserer Gattung gehören, berechtigt uns nicht, sie auszubeuten, und ebenso bedeutet die Tatsache, daß andere Lebewesen weniger intelligent sind als wir, nicht, daß ihre Interessen mißachtet werden dürfen.

[...] Weit vorausblickend schrieb Bentham zu einer Zeit, als schwarze Sklaven unter britischer Herrschaft immer noch weitgehend so behandelt wurden, wie wir heute nichtmenschliche empfindungsfähige Lebewesen behandeln:

> »Der Tag mag kommen, an dem die übrigen Geschöpfe jene Rechte erlangen werden, die man ihnen nur mit tyrannischer Hand vorenthalten konnte. Die Franzosen haben bereits entdeckt, daß die Schwärze der Haut kein Grund dafür ist, jemanden schutzlos der Laune eines Peinigers auszuliefern. Es mag der Tag kommen, da man erkennt, daß die Zahl der Beine, der Haarwuchs oder das Ende des *os sacrum* [Steißbein] gleichermaßen unzureichende Gründe sind, ein fühlendes Wesen demselben Schicksal zu überlassen. Was sonst ist es, das hier die unüberwindbare Trennlinie ziehen sollte? Ist es die Fähigkeit zu denken, oder vielleicht die Fähigkeit zu sprechen? Aber ein ausgewachsenes Pferd oder ein Hund sind unvergleichlich vernünftigere und mitteilsamere Lebewesen als ein Kind, das erst einen Tag, eine Woche oder selbst einen Monat alt ist. Doch selbst vorausgesetzt, sie wären anders, was würde es ausmachen? Die Frage ist nicht: können sie *denken*? oder: können sie *sprechen*?, sondern *können sie leiden*?«

An dieser Stelle zeichnet Bentham die Fähigkeit zu leiden als jene entscheidende Eigenschaft aus, die einem Lebewesen Anspruch auf gleiche Interessenabwägung verleiht. Die Fähigkeit zu leiden – oder genauer, zu leiden und/oder sich zu freuen oder glücklich zu sein – ist nicht einfach eine weitere Fähigkeit wie die Sprachfähigkeit oder die Befähigung zu höherer Mathematik. Bentham sagt nicht, daß diejenigen, die die unüberwindbare Trennlinie zu ziehen versuchen, welche bestimmt, ob die Interessen eines Wesens berücksichtigt werden sollten oder nicht, einfach nur zufällig die falsche Eigenschaft herausgegriffen haben. Die Fähigkeit zu leiden und sich zu freuen ist vielmehr eine Grundvoraussetzung dafür, überhaupt Interessen haben zu können, eine Bedingung, die erfüllt sein muß, bevor wir überhaupt sinnvoll von Interessen sprechen können. Es wäre Unsinn zu sagen, es sei nicht im Interesse des Steins, daß das Kind ihm auf der Straße einen Tritt gibt. Ein Stein hat keine Interessen, weil er nicht leiden kann. Nichts, das wir ihm zufügen können, würde in irgendeiner Weise auf sein Wohlergehen Einfluß haben. Eine Maus dagegen hat ein Interesse daran, nicht gequält zu werden, weil sie dabei leiden wird.

Wenn ein Wesen leidet, kann es keine moralische Rechtfertigung dafür geben, sich zu weigern, dieses Leiden zu berücksichtigen. Es kommt nicht auf die Natur des Wesens an – das Gleichheitsprinzip verlangt, daß sein Leiden ebenso zählt wie das gleiche Leiden – soweit sich ein ungefährer Vergleich ziehen läßt – irgendeines anderen Wesens. Ist ein Wesen nicht leidensfähig oder nicht fähig, Freude oder Glück zu erfahren, dann gibt es nichts zu berücksichtigen. Deshalb ist die Grenze der Empfindungsfähigkeit (wir verwenden diesen Terminus als bequeme, wenngleich nicht ganz genaue Abkürzung für die Fähigkeit, Leid oder Freude bzw. Glück zu empfinden) die einzig vertretbare Grenze für die Rücksichtnahme auf die Interessen anderer. Diese Grenze durch irgendwelche anderen Merkmale wie Intelligenz oder Rationalität festsetzen hieße sie willkürlich festsetzen. Weshalb dann nicht irgendeine andere Eigenschaft wie zum Beispiel die Hautfarbe herausgreifen?

Rassisten verletzen das Prinzip der Gleichheit, indem sie bei einer Kollision ihrer eigenen Interessen mit denen einer anderen Rasse den Interessen von Mitgliedern ihrer eigenen Rasse größeres Gewicht beimessen. Rassisten europäischer Abstammung akzeptieren nicht, daß der Schmerz, den Afrikaner verspüren, ebenso schlimm ist wie der, den Europäer verspüren. Ähnlich messen jene, die ich »Speziesisten« nennen möchte, da, wo es zu einer Kollision ihrer Interessen mit denen von Angehörigen einer anderen Spezies kommt, den Interessen der eigenen Spezies größeres Gewicht bei. Menschliche Speziesisten erkennen nicht an, daß der Schmerz, den Schweine oder Mäuse verspüren, ebenso schlimm ist wie der von Menschen verspürte.

Darin besteht wirklich schon das ganze Argument dafür, das Prinzip der Gleichheit auf nichtmenschliche Tiere auszudehnen; aber es mögen Zweifel daran geäußert werden, worauf diese Gleichheit in der Praxis hinauslaufen soll.

[Peter Singer: Praktische Ethik]

2. Peter Singer: Der Wert eines Fötus

Das zentrale Argument gegen den Schwangerschaftsabbruch läßt sich formal etwa folgendermaßen darstellen:

Erste Prämisse: Es ist unrecht, ein unschuldiges menschliches Wesen zu töten.
Zweite Prämisse: Ein menschlicher Fötus ist ein unschuldiges menschliches Wesen.
Schlußfolgerung: Daher ist es unrecht, einen menschlichen Fötus zu töten.

Üblicherweise besteht die liberale Antwort darin, daß man die zweite Prämisse dieses Arguments bestreitet. So kommt es, daß das Problem mit der Frage verbunden wird, ob der Fötus ein menschliches Wesen ist, und die Diskussion um Schwangerschaftsabbruch wird oft als eine Diskussion darüber begriffen, wann menschliches Leben beginnt.

In diesem Punkt läßt sich die konservative Position kaum erschüttern.

[...] Die Schwäche der ersten Prämisse des konservativen Arguments liegt darin, daß wir vom besonderen Status des *menschlichen* Lebens überzeugt sein müssen. Wir haben aber gesehen, daß der Begriff »menschlich« zwischen verschiedenen Bedeutungen schwankt: Mitglied der Spezies Homo sapiens einerseits und Person andererseits. Ist der Begriff erst einmal auf diese Weise aufgespalten, so wird die Schwäche der ersten Prämisse der Konservativen augenfällig. Wird »menschlich« als Äquivalent für »Person« genommen, dann ist die zweite Prämisse des Arguments, die Behauptung, der Fötus sei ein menschliches Wesen, mit Sicherheit falsch, denn man kann nicht plausibel argumentieren, der Fötus sei rational oder selbstbewußt. Nimmt man andererseits »menschlich« in der Bedeutung von »Mitglied der Spezies Homo sapiens«, dann beruht die konservative Verteidigung des Lebens des Fötus auf einer Eigenschaft, die keine moralische Relevanz hat, und somit ist die erste Prämisse falsch. Dieser Punkt sollte uns jetzt allmählich vertraut sein: ob ein Wesen ein Mitglied unserer Spezies ist oder nicht, ist für sich genommen für die Unrechtmäßigkeit des Tötens ebenso unerheblich wie die Frage, ob es ein Mitglied unserer Rasse ist oder nicht. Die Auffassung, die bloße Zugehörigkeit zu unserer Spezies, ungeachtet aller anderen Eigenschaften, sei von entscheidender Bedeutung für die Unrechtmäßigkeit des Tötens, ist ein Erbe religiöser Lehren, die selbst die Gegner der Abtreibung nur mehr zögernd ins Gespräch bringen.

Diese einfache Erkenntnis verändert die Abtreibungsdiskussion. Wir können den Fötus nun als das betrachten, was er ist – die wirklichen Eigenschaften, die er besitzt –, und können sein Leben nach demselben Maßstab bewerten wie das Leben von Wesen, die ähnliche Eigenschaften haben, aber nicht zu unserer Spezies gehören. Es wird nun offensichtlich, daß die »Pro-Leben-« oder »Recht-auf-Leben«-Bewegung einen falschen Namen hat. Weit entfernt davon, sich für jedes Leben einzusetzen oder sich einzusetzen in einem Ausmaß, das sich ohne Voreingenommenheit nur nach der Natur des fraglichen Lebens bemißt, zeigen diejenigen, die gegen Abtreibung protestieren, jedoch regelmäßig das Fleisch von Hühnern, Schweinen und Kälbern verspeisen, nur ein vordergründiges Interesse am Leben von Wesen, die zu unserer eigenen Spezies gehören. Denn bei jedem fairen Vergleich moralisch relevanter Eigenschaften wie Rationalität, Selbstbewußtsein, Bewußtsein, Autonomie, Lust- und Schmerzempfindung und so weiter haben das Kalb, das Schwein und das viel verspottete Huhn einen guten Vorsprung vor dem Fötus in jedem Stadium der Schwangerschaft – und wenn wir einen weniger als drei Monate alten Fötus nehmen, so würde sogar ein Fisch mehr Anzeichen von Bewußtsein zeigen.

Ich schlage daher vor, dem Leben eines Fötus keinen größeren Wert zuzubilligen als dem Leben eines nichtmenschlichen Lebewesens auf einer ähnlichen Stufe der Rationalität, des Selbstbewußtseins, der Bewußtheit, der Empfindungsfähigkeit usw. Da kein Fötus eine Person ist, hat kein Fötus denselben Anspruch auf Leben wie eine Person. Wir müssen natürlich noch untersuchen, wann der Fötus voraussichtlich in der Lage sein wird, Schmerz zu empfinden. Für den Augenblick genügt die Feststellung: Bis diese Fähigkeit vorhanden ist, beendet ein Schwangerschaftsabbruch eine Existenz, die überhaupt keinen Wert an sich hat. Danach jedoch, wenn der Fötus Bewußtsein (wenn auch kein Selbstbewußtsein) hat, sollte Abtreibung nicht leichtgenommen werden (falls eine Frau jemals einen

Schwangerschaftsabbruch leichtnimmt). Aber die ernsthaften Interessen der Frau würden normalerweise jederzeit vor den rudimentären Interessen selbst eines bewußten Fötus Vorrang haben. Ja, selbst ein Schwangerschaftsabbruch in einem späten Stadium der Schwangerschaft aus den trivialsten Gründen ist schwerlich zu verurteilen, wenn wir nicht gleichzeitig das Abschlachten viel weiter entwickelter Lebensformen, nur weil uns deren Fleisch schmeckt, verurteilen.

[Peter Singer: Praktische Ethik]

3. Judith Jarvis Thomson: Verteidigung der Abtreibung

Ich schlage [...] vor, daß wir zugestehen, daß der Fötus vom Augenblick der Konzeption [Empfängnis] an eine Person ist. Wie entwickelt sich das Argument [der Abtreibungsgegner] von da aus? Ungefähr so, nehme ich an. Jede Person hat ein Recht auf Leben. Deshalb hat der Fötus ein Recht auf Leben. Ohne Zweifel hat die Mutter das Recht, zu entscheiden, was in und mit ihrem Körper geschehen wird; jeder würde das zugestehen. Aber zweifellos ist das Lebensrecht einer Person stärker und zwingender als das Entscheidungsrecht der Mutter darüber, was in und mit ihrem Körper geschieht, und wiegt es deshalb auf. Also darf der Fötus nicht getötet, eine Abtreibung nicht ausgeführt werden.

Das klingt plausibel. Aber jetzt möchte ich Sie bitten, sich folgendes vorzustellen. Sie wachen morgens auf und finden sich in einem Bett liegend, Kopf an Kopf mit einem bewußtlosen Geiger. Einem berühmten bewußtlosen Geiger. An ihm wurde eine bedrohliche Nierenkrankheit diagnostiziert, und die Gesellschaft der Freunde der Musik hat alle verfügbaren Patientenunterlagen durchsucht und herausgefunden, daß allein Sie die richtige Blutgruppe haben, um helfen zu können. Sie hat Sie deshalb gekidnappt, und letzte Nacht wurde der Blutkreislauf des Geigers an den Ihren angeschlossen, so daß Ihre Nieren dazu benutzt werden können, Gift ebenso aus seinem wie aus Ihrem Blut herauszuziehen. Der Krankenhausdirektor sagt jetzt zu Ihnen: »Sehen Sie, wir bedauern sehr, daß Ihnen die Gesellschaft der Freunde der Musik das angetan hat – wir hätten es nie erlaubt, wenn wir davon gewußt hätten. Aber sie haben es eben getan, und jetzt ist der Geiger an Sie angeschlossen. Sie abzukoppeln würde bedeuten, ihn zu töten. Aber keine Angst, es handelt sich nur um neun Monate. Nach dieser Zeit wird er sich von seinem Leiden erholt haben und kann ohne Gefahr von Ihnen abgekoppelt werden.« Ist Ihnen unter dem Gesichtspunkt der Moral auferlegt, sich in diese Situation zu fügen? Es wäre zweifellos ausgesprochen nett von Ihnen, wenn sie es täten, von großer Freundlichkeit. Aber *müssen* Sie sich fügen? Wie, wenn es nicht neun Monate, sondern neun Jahre wären? Oder noch länger? Wie, wenn der Krankenhausdirektor sagte: »Wirklich Pech, muß ich sagen, aber jetzt müssen Sie den Rest Ihres Lebens im Bett verbringen, der Geiger an Sie angeschlossen. Denn rufen Sie sich folgendes in Erinnerung. Alle Personen haben ein Lebensrecht, und Geiger sind Personen. Zugegeben, Sie haben ein Recht, zu entscheiden, was in und mit Ihrem Körper geschieht, aber das Lebensrecht einer Person wiegt stärker als Ihr Recht, zu entscheiden, was in und mit Ihrem Körper geschieht. Deshalb können Sie nie mehr von ihm abgekoppelt werden.« Ich vermute, Sie würden das als lächerlich ansehen, was nahelegt, daß tatsächlich etwas falsch ist an dem plausibel klingenden Argument, das ich zuvor erwähnt.

[Judith Jarvis Thomson: Eine Verteidigung der Abtreibung]

Textnachweise

Antike

I. Philosophie

Platon: Menon. Griechisch/Deutsch. Übers. von Margarita Kranz. Stuttgart: Reclam, 1994. S. 5–9 (70–72c).
Platon: Menon. Griechisch/Deutsch. Übers. von Margarita Kranz. Stuttgart: Reclam, 1994. S. 33–37 (79e–81e).
Platon: Menon. Griechisch/Deutsch. Übers. von Margarita Kranz. Stuttgart: Reclam, 1994. S. 83–85 (96d–97d).
Platon: Der Staat (Politeia). Übers. von Karl Vretska. Stuttgart: Reclam, 1997. S. 327–331 (514–517e).

II. Glück

Platon: Gorgias oder Über die Beredsamkeit. Nach der Übers. von Friedrich Schleiermacher hrsg. von Kurt Hildebrandt. Stuttgart: Reclam, 1961. S. 59 (483d–e).
Platon: Gorgias oder Über die Beredsamkeit. Nach der Übers. von Friedrich Schleiermacher hrsg. von Kurt Hildebrandt. Stuttgart: Reclam, 1961. S. 69–71 (491a–492d).
Aristoteles: Nikomachische Ethik. Übers. von Franz Dirlmeier. Stuttgart: Reclam, 1969. S. 8f., 285–288 (1095a–1095b, 1176b–1177a).
Epikur: Brief an Menoikeus. In: E.: Briefe. Sprüche. Werkfragmente. Übers. von Hans-Wolfgang Krautz. Stuttgart: Reclam, 2000. S. 43–45 (124–132).
Epiktet: Handbüchlein der Moral. Griechisch/Deutsch. Übers. von Kurt Steinmann. Stuttgart: Reclam, 1992. S. 5–7 (1).

III. Freiheit

Aristoteles: Nikomachische Ethik. Übers. von Franz Dirlmeier. Stuttgart: Reclam, 1969. S. 54f., 58 (1109b–1110b, 1111a).
Aristoteles: Nikomachische Ethik. Übers. von Franz Dirlmeier. Stuttgart: Reclam, 1969. S. 179, 184f. (1145b, 1147a–1147b).
Cicero: De fato. In: A.A. Long / D.N. Sedley: Die hellenistischen

Philosophen. Texte und Kommentare. Übers. von Karlheinz Hülser. Stuttgart: Metzler, 2000. S. 122f. (22–25). – © 2000 J.B. Metzlersche Verlagsbuchhandung und Carl Ernst Poeschel Verlag GmbH in Stuttgart.

Cicero: De fato. In: A.A. Long / D.N. Sedley: Die hellenistischen Philosophen. Texte und Kommentare. Übers. von Karlheinz Hülser. Stuttgart: Metzler, 2000. S. 405 (28–30). – © 2000 J.B. Metzlersche Verlagsbuchhandung und Carl Ernst Poeschel Verlag GmbH in Stuttgart.

Mittelalter

IV. Gott

Augustinus: Confessiones/Bekenntnisse. Lateinisch/Deutsch. Übers. von Kurt Flasch und Burkard Mojsisch. Stuttgart: Reclam, 2009. S. 307–309 (Siebtes Buch III, 4–5).

Thomas von Aquin: Summa Theologiae. In: Die Philosophie des Thomas von Aquin. Hrsg. von Eugen Rolfes. Hamburg: Meiner, 1977. S. 128 (2. Untersuchung, 3. Art.).

Thomas von Aquin: Summa Theologiae. In: Die Philosophie des Thomas von Aquin. Hrsg. von Eugen Rolfes. Hamburg: Meiner, 1977. S. 126f. (2. Untersuchung, 3. Art.).

Anselm von Canterbury: Proslogion/Anrede. Lateinisch/Deutsch. Übers. von Robert Theis. Stuttgart: Reclam, 2005. S. 21–23 (2. Kap., 1–13).

Neuzeit

V. Außenwelt

René Descartes: Meditationen über die erste Philosophie. Lateinisch/Deutsch. Übers. von Gerhart Schmidt. Stuttgart: Reclam, 1986. S. 63–71 (1. Meditation).

John Locke: Versuch über den menschlichen Verstand. Hamburg: Meiner, 2000. Bd. II. S. 310–312 (4. Buch, Kap. XI).

George Berkeley: Abhandlung über die Prinzipien der menschlichen Erkenntnis. Stuttgart: Reclam, 2005. S. 35–37, 39f. (§§ 1–3, 9).

Immanuel Kant: Kritik der reinen Vernunft. Stuttgart: Reclam, 1966. S. 34f. (Vorrede zur zweiten Auflage).

VI. Erkenntnis

René Descartes: Meditationen über die erste Philosophie. Lateinisch/Deutsch. Übers. von Gerhart Schmidt. Stuttgart: Reclam, 1986. S. 77–83 (2. Meditation).

John Locke: Versuch über den menschlichen Verstand. Hamburg: Meiner, 2000. Bd. I. S. 107–109 (2. Buch, 1. Kap.).

Gottfried Wilhelm Leibniz: Neue Abhandlungen über den menschlichen Verstand. Vorrede und Buch I. Übers. von Werner Schüßler. Stuttgart: Reclam, 1993. S. 54f., 57, 58–60 (Buch I, 1. Kap.).

David Hume: Untersuchung über den menschlichen Verstand. Übers. von Herbert Herring. Stuttgart: Reclam, 1967. S. 56f.

David Hume: Untersuchung über den menschlichen Verstand. Übers. von Herbert Herring. Stuttgart: Reclam, 1967. S. 61–63.

Immanuel Kant: Prolegomena zu einer jeden zukünftigen Metaphysik, die als Wissenschaft wird auftreten können. Stuttgart: Reclam, 1989. S. 78–80 (§ 29–30).

VII. Geist

René Descartes: Meditationen über die erste Philosophie. Lateinisch/Deutsch. Übers. von Gerhart Schmidt. Stuttgart: Reclam, 1986. S. 189–191, 195 (6. Meditation).

Gottfried Wilhelm Leibniz: Zur prästabilierten Harmonie. In: G.W.L.: Hauptschriften zur Grundlegung der Philosophie. Übers. von Artur Buchenau. Hamburg: Meiner, 1996. S. 459f.

Baruch de Spinoza: Ethik. Lateinisch/Deutsch. Rev. Übers. von Jakob Stern. Stuttgart: Reclam, 1977. S. 123–125 (2. Teil, Lehrsatz 7 und Anmerkung).

Gottfried Wilhelm Leibniz: Monadologie. Übers. von Hartmut Hecht. Stuttgart: Reclam, 2008. S. 19 (§ 17).

VIII. Gerechtigkeit

Thomas Hobbes: Leviathan. Erster und zweiter Teil. Übers. von Jacob Peter Mayer. Stuttgart: Reclam, 1992. S. 113–118 (1. Teil, 13. Kap.).

Thomas Hobbes: Leviathan. Erster und zweiter Teil. Übers. von Jacob Peter Mayer. Stuttgart: Reclam, 1992. S. 155 f. (2. Teil, 17. Kap.).

John Locke: Über die Regierung. Übers. von Dorothee Tiedow. Stuttgart: Reclam, 1988. S. 111 f. (XII, 143–144).

John Locke: Über die Regierung. Übers. von Dorothee Tiedow. Stuttgart: Reclam, 1988. S. 4 f. (II, 4).

Jean-Jacques Rousseau: Du contrat social. Vom Gesellschaftsvertrag. Übers. von Hans Brockard. Stuttgart: Reclam, 2010. S. 9–11, 31–39 (1. Buch, 1. Kap. und 6. Kap.).

IX. Ethik

Immanuel Kant: Grundlegung zur Metaphysik der Sitten. Stuttgart: Reclam, 1961. S. 28–30, 34 f., 40–42, 56–58, 67 f. (393–394, 397–398, 401–403, 412–413, 421).

John Stuart Mill: Utilitarianism. Der Utilitarismus. Englisch/Deutsch. Übers. von Dieter Birnbacher. Stuttgart: Reclam, 2002. S. 23–33, 105–107 (2. und 4. Kap.).

20. Jahrhundert

X. Bedeutung

Gottlob Frege: Über Sinn und Bedeutung. In: G. F.: Funktion, Begriff, Bedeutung. Hrsg. von Günther Patzig. Göttingen: Vandenhoeck & Ruprecht, 1962/1994. S. 40–80, hier S. 40 f.

Rudolf Carnap: Überwindung der Metaphysik durch logische Analyse der Sprache. In: Erkenntnis 2 (1931) S. 219–241, hier S. 221–223. – © Felix Meiner Verlag.

Ludwig Wittgenstein: Philosophische Untersuchungen. Frankfurt a. M.: Suhrkamp, 2003. S. 11–13, 26 f., 31 f., 41 (§§ 1, 2, 3, 23, 31 und 43).

XI. Wissenschaft

Moritz Schlick: Die Wende der Philosophie. In: Erkenntnis 1 (1930) S. 4–11, hier S. 7f.

Karl Popper: Logik der Forschung. 11., durchges. und erg. Aufl. Tübingen: Mohr Siebeck, 2005. S. 3–17 (1. Kap.). – © 2008 Universität Klagenfurt, Karl-Popper-Archiv.

Carl Gustav Hempel: Aspekte wissenschaftlicher Erklärung. Übers. von Wolfgang Lenzen. Berlin: de Gruyter, 1977. S. 5f. – © Walter de Gruyter Verlag, 1977. – Für das englische Original: Carl G. Hempel: Aspects of Scientific Explanation and other Essays in the Philosophy of Science. New York: The Free Press, 1965. – © 1965 by the Free Press, A Divison of the Macmillian Company New York, N.Y. Permission conveyed through Copyright Clearance Center, Inc.

XII. Kunst

Arthur Danto: Die Verklärung des Gewöhnlichen. Eine Philosophie der Kunst. Übers. von Max Looser. Frankfurt a.M.: Suhrkamp, 1984. S. 17, 22f. – © 1984, Suhrkamp Verlag AG, Berlin. Alle Rechte vorbehalten.

Arthur Danto: Die Verklärung des Gewöhnlichen. Eine Philosophie der Kunst. Übers. von Max Looser. Frankfurt a.M.: Suhrkamp, 1984. S. 144–146. – © 1984, Suhrkamp Verlag AG, Berlin. Alle Rechte vorbehalten.

XIII. Mensch

Karl Marx: Zur Kritik der politischen Ökonomie. In: K.M. / Friedrich Engels: Werke (MEW). Berlin: Dietz, 1964, S. 8f. (Vorrede).

Friedrich Nietzsche: Also sprach Zarathustra. Ein Buch für Alle und Keinen. Stuttgart: Reclam, 1994, 2010. S. 299–301.

Simone de Beauvoir: Das andere Geschlecht. Sitte und Sexus der Frau. Übers. von Uli Aumöller und Grete Osterwald. Reinbek: Rowohlt Taschenbuch, 1992. S. 77f., 82–84. – © 1951 Rowohlt Verlag GmbH, Reinbek bei Hamburg; 1992 Taschenbuch Verlag GmbH, Reinbek bei Hamburg (für NÜ).

Hannah Arendt: Eichmann in Jerusalem. Ein Bericht von der Banalität des Bösen. Übers. von Brigitte Granzow. München: Piper, 1964. S. 231–233. – © 1964 Piper Verlag GmbH, München.

Martha C. Nussbaum: Konstruktionen der Liebe, des Begehrens und der Fürsorge. Drei philosophische Aufsätze. Übers. von Joachim Schulte. Stuttgart: Reclam, 2002. S. 171–175.

XIV. Angewandte Ethik

Peter Singer: Praktische Ethik. Neuausgabe. Übers. von Oscar Bischoff, Jean-Claude Wolf und Dietrich Klose. Stuttgart: Reclam, 1994. S. 82–86.

Peter Singer: Praktische Ethik. Neuausgabe. Übers. von Oscar Bischoff, Jean-Claude Wolf und Dietrich Klose. Stuttgart: Reclam, 1994. S. 180 f., 195–197.

Judith Jarvis Thomson: Eine Verteidigung der Abtreibung. In: Anton Leist (Hrsg.): Um Leben und Tod. Frankfurt a. M.: Suhrkamp, 1990. S. 107–131, hier S. 108 f. – Für die deutsche Übersetzung: © 1992, Suhrkamp Verlag AG, Berlin. Alle Rechte vorbehalten. – Für das englische Original: Judith Jarvis Thomson: A Defense of Abortion. In: Philosophy & Public Affairs 1 (1971) Nr. 1. S. 47–66. – © 1971 by John Wiley & Sons, Inc., or related companies. All rights reserved. Permission conveyed through Copyright Clearance Center, Inc.